Johannes Bours

Wer es mit Gott zu tun bekommt

Johannes Bours

Wer es mit Gott zu tun bekommt

Schritte geistlicher Einübung in biblische Gotteserfahrungen

Herder
Freiburg · Basel · Wien

Meinen Schwestern
Marianne und Karola

Herstellung: Freiburger Graphische Betriebe 1987
ISBN 3-451-21014-2

Vorbemerkung

Dieses Buch ist aus Exerzitien entstanden. So möchte es auch für Exerzitien eine Hilfe sein. Wenn jemand mit meiner Begleitung etwa sieben Tage geistliche Übungen halten wollte, suchte ich für ihn aus den 17 Kapiteln für jeden Tag eines aus, mit dem der Übende an diesem Tag meditierend und betend Umgang halten sollte. Am Spätnachmittag oder Abend hatten wir dann darüber ein Gespräch. Dieses Gespräch, das etwa eine Stunde dauerte, war für den Verlauf der Exerzitien immer sehr hilfreich. Die Frage oder die Fragen am Ende eines jeden Kapitels erleichterten den Einstieg in das Gespräch. Die Frage, die am Ende eines jeden Kapitels stehen könnte, lautet: Wo bin ich in dieser Geschichte?

Wenn jemand mit Hilfe dieses Buches Exerzitien machen möchte und ein geistlicher Begleiter nicht zur Verfügung steht, könnte ich mir auch diesen Weg vorstellen: Zwei Menschen, die miteinander einigermaßen vertraut sind, machen gemeinsam diese Übungen in der Weise, daß sie am Abend eines jeden Tages miteinander über das sprechen, was jeden von ihnen beim Meditieren des betreffenden Kapitels bewegt hat. –

Es kann sein, daß die Begegnung mit den Gotteserfahrungen im Alten Testament auch Betroffenheit, Befremdung und Widerstand hervorrufen kann. Ich denke an einen Vers aus Dantes göttlicher Komödie:

„Denn nicht zum Scherze ist das Unterfangen,
den Grund des Universums zu beschreiben.
Und nicht für Kindlein, die die Mutter rufen."

Dem Buch möchte ich ein Wort des Alttestamentlers Erich Zenger voranstellen:

„Wer sich auf ihn (Jahwe) einläßt, wird herausgerissen aus der Banalität und Apathie, in die menschliches Leben zu versinken und zu verenden droht, wenn es nur um sich selbst kreist ... Er wird erfahren, daß dieser Jahwe nicht eine billige Antwort auf alle möglichen und unmöglichen Fragen ist, sondern daß umgekehrt dieser Jahwe die gewaltige und belebende Anfrage, ja Herausforderung an den Menschen ist."

Da das Buch durch längere Zeit hindurch aus Vorträgen in kleinen Gruppen entstanden ist, kann es sein, daß die eine oder andere Formulierung oder Anregung von anderswoher übernommen ist, ohne daß dies jetzt noch ausdrücklich angegeben werden kann. Ich danke allen, von denen ich solche Hilfe bekommen habe.

Inhalt

I

*Wer es mit Gott zu tun bekommt,
der muß
das Hören lernen*

Samuel

I

Die Vorgeschichte wird in den beiden ersten Kapiteln des Ersten Samuelbuches erzählt. Ein Mann namens Elkana hatte zwei Frauen. Hanna, eine dieser Frauen, hatte keine Kinder. In ihrem Gram betete Hanna in Schilo am Heiligtum des Herrn innigst um einen Sohn und gelobte dem Herrn, ihn, wenn er ihr geschenkt würde, dem Dienst am Heiligtum zu überlassen. Ihre Bitte wurde erfüllt. Als der Knabe Samuel so herangewachsen war, daß er dem Dienst am Heiligtum übergeben werden konnte, brachte Hanna ihn zu Eli, dem Priester am Heiligtum.

Und dann heißt es: „Der junge Samuel aber versah den Dienst vor dem Angesicht des Herrn, bekleidet mit dem leinenen Efod. Seine Mutter machte ihm immer wieder ein kleines Obergewand und brachte es ihm jedes Jahr mit, wenn sie zusammen mit ihrem Mann hinaufzog, um das jährliche Opfer darzubringen" (1 Sam 2, 18–19). Hanna bekam noch drei Söhne und zwei Töchter.

Da, wo nichts ist – die Unfruchtbarkeit Hannas –, erweckt Gott sich seine Boten. Gott setzt gerne im Leeren an: so ist es ganz *sein* Werk!

Die Söhne des Priesters Eli „waren nichtsnutzige Menschen. Sie kümmerten sich nicht um den Herrn" (1 Sam 2, 12). Sie beachteten den Opferritus nicht mehr und bereicherten sich an den Gaben der Gläubigen.

Der alte Eli war zu schwach, dem Treiben seiner Söhne Einhalt zu gebieten. Schon kam die Drohwarnung eines Gottesmannes an Eli, daß Gottes Gericht schon über ihm sei: Seine Söhne sollten an *einem* Tag dahingerafft werden, und in seinem Geschlecht sollte es nie mehr einen alten Mann geben; alle Männer würden in der Lebensmitte sterben müssen.

Da setzt das dritte Kapitel ein mit der Berufung des jungen Samuel. (Der Bibeltext ist hier wie auch in den folgenden Kapiteln, wenn nicht anders vermerkt, nach der Einheitsübersetzung wiedergegeben.)

3 [1]Der junge Samuel versah den Dienst des Herrn unter
der Aufsicht Elis. In jenen Tagen waren Worte des Herrn
selten; Visionen waren nicht häufig. [2]Eines Tages ge-
schah es: Eli schlief auf seinem Platz; seine Augen waren
schwach geworden, und er konnte nicht mehr sehen.
[3]Die Lampe Gottes war noch nicht erloschen, und Sa-
muel schlief im Tempel des Herrn, wo die Lade Gottes
stand. [4]Da rief der Herr den Samuel, und Samuel antwor-
tete: Hier bin ich. [5]Dann lief er zu Eli und sagte: Hier bin
ich, du hast mich gerufen. Eli erwiderte: Ich habe dich
nicht gerufen. Geh wieder schlafen! Da ging er und legte
sich wieder schlafen. [6]Der Herr rief noch einmal: Samuel!
Samuel stand auf und ging zu Eli und sagte: Hier bin ich,
du hast mich gerufen. Eli erwiderte: Ich habe dich nicht
gerufen, mein Sohn. Geh wieder schlafen!

[7]Samuel kannte den Herrn noch nicht, und das Wort
des Herrn war ihm noch nicht offenbart worden. [8]Da rief
der Herr den Samuel wieder, zum drittenmal. Er stand auf
und ging zu Eli und sagte: Hier bin ich, du hast mich ge-
rufen. Da merkte Eli, daß der Herr den Knaben gerufen
hatte. [9]Eli sagte zu Samuel: Geh, leg dich schlafen! Wenn
er dich (wieder) ruft, dann antworte: Rede, Herr; denn
dein Diener hört. Samuel ging und legte sich an seinem
Platz nieder. [10]Da kam der Herr, trat (zu ihm) heran und
rief wie die vorigen Male: Samuel, Samuel! Und Samuel

antwortete: Rede, denn dein Diener hört. 11 *Der Herr sagte*
zu Samuel: Fürwahr, ich werde in Israel etwas tun, so daß
jedem, der davon hört, beide Ohren gellen. 12 *An jenem*
Tag werde ich an Eli vom Anfang bis zum Ende alles ver-
wirklichen, was ich seinem Haus angedroht habe. 13 *Ich*
habe ihm angekündigt, daß ich über sein Haus für immer
das Urteil gesprochen habe wegen seiner Schuld; denn er
wußte, wie seine Söhne Gott lästern, und gebot ihnen
nicht Einhalt. 14 *Darum habe ich dem Haus Eli geschwo-*
ren: Die Schuld des Hauses Eli kann durch Opfer und
durch Gaben in Ewigkeit nicht gesühnt werden. 15 *Sa-*
muel blieb bis zum Morgen liegen, dann öffnete er die Tü-
ren zum Haus des Herrn. Er fürchtete sich aber, Eli von
der Vision zu berichten. 16 *Da rief Eli Samuel und sagte:*
Samuel, mein Sohn! Er antwortete: Hier bin ich. 17 *Eli*
fragte: Was war es, das er zu dir gesagt hat? Verheimliche
mir nichts! Gott möge dir dies und das antun, wenn du
mir auch nur eines von all den Worten verheimlichst, die
er zu dir gesprochen hat. 18 *Da teilte ihm Samuel alle*
Worte mit und verheimlichte ihm nichts. Darauf sagte
Eli: Es ist der Herr. Er tue, was ihm gefällt.

19 *Samuel wuchs heran, und der Herr war mit ihm und*
ließ keines von all seinen Worten unerfüllt. 20 *Ganz Israel*
von Dan bis Beerscheba erkannte, daß Samuel als Prophet
des Herrn beglaubigt war. 21 *Auch weiterhin erschien der*
Herr in Schilo: Der Herr offenbarte sich Samuel in Schilo
durch sein Wort.

Hier ist die Geschichte einer Berufung. Hier ist die Geschichte, wie einer das Hören lernt auf den Anruf Gottes.

Samuel schläft im Tempel, tut am Tage Dienst im

Tempel. Er lebt sozusagen in unmittelbarer Nähe zu Gott – und doch steht da: „Samuel kannte den Herrn noch nicht, und das Wort des Herrn war ihm noch nicht offenbart worden" (V. 7). Das gibt es also! Man ist noch nicht reif für eine Gotteserfahrung. Und: Man lebt im Ritual mit Gott – und erfährt nichts von ihm! „Die Lampe Gottes war noch nicht erloschen" (V. 3). Gottes Geduld wartet. Gottes Treue bleibt. Ein pflichtvergessener alter Priester und ein ahnungsloser Knabe – und Gottes Treue bleibt.

Samuel muß noch in die Schule der Erfahrungen mit Gott genommen werden. Dreimal muß Gott rufen, um ihn zu „erwecken"! Ein langer Weg des Reifens mit Gott.

Allein kann man diesen Weg nicht gehen. Ein anderer, wie hier der alte Eli, der schon irgendwann einmal in seinem Leben Erfahrungen mit Gott gemacht hat (und sie fast wieder vergessen hat und sie nun mühsam aus dem Abgrund der Erinnerung heraufholt), muß helfen, muß den Weg zeigen, muß aufmerksam machen: „Da merkte Eli, daß der *Herr* den Knaben gerufen hatte" (V. 8).

Eli steht in einer erstarrten Priestertradition. „In jenen Tagen waren Worte des Herrn selten; Visionen waren nicht häufig" – man lebte im Ritual, der lebendige Gott wurde nicht mehr erfahren. Das Auge und das Ohr und das Herz sind nicht mehr auf die Zeichen Gottes eingestellt, und so werden sie nicht mehr wahrgenommen. Eli erkennt den Frevelweg seiner Söhne, aber er ist zu schwach, ihnen Einhalt zu gebieten. Eli ist nicht mehr lebenswahrhaftig vor Gott, er „funktioniert" noch; aber so kann ihn Gottes Anruf nicht mehr unmittelbar erreichen. Gott muß einen Umweg gehen, damit ein letzter Anruf noch bei ihm ankommen kann.

Hier ist die Tragödie eines alten Mannes, eines alten Priesters. Ein gescheitertes Leben.

Ein gescheitertes Leben? Da ist, ganz am Ende dieses Lebens, doch eine Größe: ein letztes Bekenntnis! Ob es nicht rettend war?

Schon in V. 2 und 3 heißt es: „Eli schlief auf seinem Platz; seine Augen waren schwach geworden, und er konnte nicht mehr sehen. Die Lampe Gottes war noch nicht erloschen." Elis Augenlicht war erloschen; das Licht Gottes war noch nicht erloschen. Auch für Eli nicht? Lampe Gottes – nur Gericht? Auch Langmut, Geduld, Treue Gottes!

Dann aber kommt für Eli eine letzte große Stunde: Er erkennt! Hier ist Gottes Anruf. Hier ist brennende Nähe Gottes. Man muß den Klang des Wortes hören in V. 18: „Es ist der Herr. Er tue, was ihm gefällt." Und dieses Wort, von Eli gesprochen, nachdem er das Gottesurteil aus dem Munde des jungen Samuel gehört hatte.

Große Stunde im Leben Elis, am Ende seines Lebens. Trotz allem: eine Stunde der Betroffenheit, eine Stunde der Reife!

Hier ist ein gutes Zusammentreffen, wie es immer wieder geschieht: „Die Jungen berichten von neuen Erfahrungen; die Alten werden wach und können nur staunen ... Lange Zeit tut sich nichts; auf einmal werden einzelne herausgerufen ... mitten im Tempeldienst, im Traum, im Schlaf" (H.-J. Silberberg).

Und Samuel hört. Mitten in der Nacht. Und erfährt, daß die Lampe Gottes noch nicht erloschen war. (Ist sie heute erloschen?)

Manchmal gibt es eine Lebensstunde, da verdichtet sich der Anruf Gottes bis zum Äußersten. Da steht sozusagen alles auf dem Spiel. Da bietet Gott eine unerhörte Chance an – wird der Mensch hören? Wird er antworten: „Hier bin ich! Rede, Herr, dein Diener hört!"? (Wir denken an die Stunde der Verkündigung in Nazaret!)

Das Wort, das Samuel dann vernehmen muß, ist dunkle Botschaft: „Die Schuld des Hauses Eli kann durch Opfer und durch Gaben in Ewigkeit nicht gesühnt werden" (V. 14). Man muß von diesem Wort eines alten, fast noch archaischen Bewußtseins den Bogen spannen bis hin zum Kreuz – sonst bleibt es in unerlöster Dunkelheit stehen.

Und dann steht da: „Samuel blieb bis zum Morgen liegen." Blieb er schlaflos liegen? „Dann öffnete er die Türen zum Haus des Herrn. Er fürchtete sich aber, Eli von der Vision zu berichten."

(War diese „Vision" – so fragen wir heute von unserer psychologischen „Aufgeklärtheit" her – eine in dem jungen, noch ganz offen-reinen Samuel aus dem Unbewußten in der Nacht, im Traum aufsteigende Ahnung, daß die Korruptheit des Priesterhauses sich buchstäblich totlaufen müsse? Spricht Gott nicht so zum Menschen? Im Buche Ijob heißt es einmal, 33,15–16: „Im Traum, im Nachtgesicht, wenn tiefer Schlaf auf die Menschen fällt, im Schlummer auf dem Lager, da öffnet er der Menschen Ohr und schreckt sie auf durch Warnung, um von seinem Tun den Menschen abzubringen, den Hochmut aus dem Manne auszutreiben, seine Seele vor dem Grab zu retten ...")

Und dann: „Samuel wuchs heran, und der Herr war

mit ihm und ließ keines von all seinen Worten unerfüllt" (V. 19).

Später wird ein Wort über Samuel Aufnahme finden ins Lukasevangelium (2,52), wo von dem jungen Jesus gesagt wird, „er fand Gefallen bei Gott und den Menschen" – es ist das Wort, das in 1 Sam 2,26 vom jungen Samuel gesagt wird. So steht Samuel in der geistig-geistlichen Ahnenreihe des Messias.

Manchmal ist einer berufen, aber die Berufung muß noch wachsen – und später erst erkennt er das Gewicht der Berufung und ihre Last. Samuel wird es noch erfahren!

II

„Wer es mit Gott zu tun bekommt, der muß das Hören lernen."

Es geht um mich! Was da gezeigt wird – es meint mich! Ruft Gott?

Ich möchte sagen: Unablässig ruft Gott! Durch die Ereignisse, durch die Geschichte unseres Lebens hindurch. Anruf Gottes in der Tiefe unseres Wesens. Oft leise, verkennbar. So wie Samuel es zuerst nicht wahrnimmt – er hört etwas, aber er kommt nicht darauf, daß es *Stimme Gottes* sein könnte. Und doch erhebt er sich jedesmal und fragt. In dem Maße, wie unser Glaube *aufmerksam* ist, würden wir gewahr werden, daß immerfort der Anruf Gottes da ist. So wie unsere Antennen gerichtet sind, ist unsere Empfangsbereitschaft.

Eine Frau schrieb in einem Brief: „Erschüttert bin ich vom ständigen Anruf seiner Liebe, die mich Wahrheit, Irrtum und Lüge so klar unterscheiden läßt. Könnte er noch eindringlicher rufen? Warum folge ich so zögernd? Die Quelle in mir muß fließen! Oberflächlichkeit im Denken, Reden oder Tun bringt sie zum Versiegen."

Sie schreibt: „Warum folge ich so zögernd?" Liegt es bei uns nicht oft *vorher:* Warum *höre* ich seinen Anruf so wenig?

Alma Mahler-Werfel beschließt ihre Selbstbiographie mit dem Wort: „Ich glaube, daß ein Mensch sehr wohl die Linien seines Schicksals erkennen kann, wenn er nur aufmerksam genug ist. Er wird auch von einer inneren Stimme gewarnt. Aber er muß sie hören und muß ihr zuhören können."

Und Franz Werfel schreibt in einer Tagebuchnotiz (29. Juli 1918): „Wenn ich genau hinsehe, so ist jede Minute meines Lebens von den mysteriösesten Winken erfüllt, denen ich nie recht in die Augen schauen will, aus Bequemlichkeit, aus Angst, aus Ungeistigkeit ... Das Gefühl für unseren freien Willen wird durch das tiefere Lauschen auf unsere innere Stimme nur gehoben! Denn Ziel des freien Lebens einzig ist es, diese innere Stimme auszugraben, alle Polstertüren, die in uns ihren Schall dämpfen, einzustoßen ..."

Ein Gedicht von Nelly Sachs spricht zu uns, fast beschwörend, von der Notwendigkeit zu lauschen:

Ehe es wächst, lasse ich euch es erlauschen
Jesaia

LANGE HABEN WIR das Lauschen verlernt!
Hatte Er uns gepflanzt einst zu lauschen
Wie Dünengras gepflanzt, am ewigen Meer,
Wollten wir wachsen auf feisten Triften,
Wie Salat im Hausgarten stehn.

Wenn wir auch Geschäfte haben,
Die weit fort führen
Von Seinem Licht,
Wenn wir auch das Wasser aus Röhren trinken,
Und es erst sterbend naht
Unserem ewig dürstenden Mund –
Wenn wir auch auf einer Straße schreiten,
Darunter die Erde zum Schweigen gebracht wurde
Von einem Pflaster,
Verkaufen dürfen wir nicht unser Ohr,
O, nicht unser Ohr dürfen wir verkaufen.
Auch auf dem Markte,
Im Errechnen des Staubes,
Tat manch einer schnell einen Sprung
Auf der Sehnsucht Seil,
Weil er etwas hörte,
Aus dem Staube heraus tat er den Sprung
Und sättigte sein Ohr.
Preßt, o preßt an der Zerstörung Tag
An die Erde das lauschende Ohr,
Und ihr werdet hören, durch den Schlaf hindurch
Werdet ihr hören
Wie im Tode
Das Leben beginnt.

DIE FRAGEN

1. Jeder hat in sich eine Wahrheitsstimme, die Stimme seines Wesens, durch die Gott spricht.

„Ganz leise spricht ein Gott in unserer Brust,
Ganz leise, ganz vernehmlich, zeigt uns an,
Was zu ergreifen ist und was zu fliehn.“ (Goethe)

Was tue ich, daß ich diese Stimme vernehmen kann?

2. Ich gehe in der Erinnerung den Weg zurück durch meine Lebensgeschichte: Wo war deutlich ein Anruf Gottes? Gab es eine Lebensstunde, in der der Anruf Gottes besonders eindringlich wurde? Wie war mein Hören und Gehorchen? Mein Vorbeileben und mein Vergessen?

3. Samuel weiß zunächst nicht, daß Gott es ist, der ruft. Manchmal erscheinen uns die Zeichen, erscheint uns ein Anruf mehrdeutig. Was können wir tun, zur Klarheit zu kommen? (Einen Erfahrenen um Rat fragen; sehen, ob mehrere Zeichen in eine Richtung weisen; einige Zeit mit *einer* Deutung zu leben versuchen und sehen, wie es sich auswirkt.)

4. Gott spricht im Wort der Offenbarung. Wie und wann kann das Wort der Offenbarung (der Bibel) *mein* Wort werden, Anruf an *mich?*

5. Kann ich zuhören? Was beeinträchtigt bei mir die Aufmerksamkeit? Was kann ich tun, die Kraft der Aufmerksamkeit, die Fähigkeit zum Hören zu stärken?

Simone Weil (1909–1943) greift immer wieder das Thema Aufmerksamkeit auf. Sie ist fast verliebt in die Vorstellung, daß alle Einübung in die Aufmerksamkeit eine Einübung in die Aufmerksamkeit auf Gott ist:

„Das Wesen des Gebetes besteht in der Aufmerksamkeit. Dies liefert uns den Schlüssel zu einer christlichen Konzeption des Studiums. Im Gebet richtet die Seele alle Aufmerksamkeit, deren sie fähig ist, auf Gott, und die Beschaffenheit des Gebetes hängt zu einem großen Teil von der Beschaffenheit der Aufmerksamkeit ab ... Nur die Spitze der Aufmerksamkeit tritt mit Gott in Berührung ...

Die Gymnasiasten, die Studenten, die Gott lieben, sollten niemals sagen: ‚Ich liebe die Mathematik', ‚Ich liebe das Französische', ,Ich liebe das Griechische'. Sie sollen dies alles lieben lernen, weil alles dieses das Wachstum jener Aufmerksamkeit fördert, die, auf Gott gerichtet, das eigentliche Wesen des Gebetes ist ... Die vergeblichen Anstrengungen, denen sich der Pfarrer von Ars während langer und schmerzlicher Jahre unterzogen hatte, um das Latein zu erlernen, trugen all ihre Früchte in der wunderbaren Gabe der Unterscheidung, mit der er die Seele derer, die zu ihm zur Beichte kamen, hinter ihren Worten und sogar hinter ihrem Schweigen bis auf den Grund erkannte ...

Die also sind glücklich zu schätzen, die ihre Jugendjahre nur damit hinbringen, *dieses Vermögen zur Aufmerksamkeit* zu entwickeln" (in: Simone Weil, Zeugnis für das Gute, Olten [2]1979).

Der Psalm 40 betet: „Schlachtopfer und Speiseopfer gefallen dir nicht. Doch ein Ohr hast du mir gegraben: Siehe, hier bin ich, zu tun, was du willst!"

Christus hat dieses Wort neu und vollkommen gesprochen und gelebt! (Hebr 10, 5 f.).

2

Wer es mit Gott zu tun bekommt,
der steht
in einer Feuerzone

Mose

Mosche war Hirt der Schafe Jitros seines Schwähers,
Priesters von Midjan.
Er leitete die Schafe hinter die Wüste –
er kam an den Berg Gottes, zum Choreb.
SEIN Bote ließ von ihm sich sehen
in der Lohe eines Feuers mitten aus dem Dornbusch.
Er sah:
da, der Dornbusch brennt im Feuer, doch der
Dornbusch bleibt unverzehrt.
Mosche sprach:
Ich will doch hintreten
und ansehn dieses große Gesicht –
warum der Dornbusch nicht verbrennt.
Als ER aber sah, daß er hintrat, um anzusehn,
rief Gott ihn mitten aus dem Dornbusch an,
er sprach:
Mosche! Mosche!
Er sprach:
Da bin ich.
Er aber sprach:
Nahe nicht herzu,
streife deine Schuhe von deinen Füßen,
denn der Ort, darauf du stehst, Boden der Heiligung
ists.
Und sprach:
Ich bin der Gott deines Vaters,
der Gott Abrahams,
der Gott Jizchaks,
der Gott Jaakobs.
Mosche barg sein Antlitz,
denn er fürchtete sich, zu Gott hin zu blicken.
ER aber sprach:

Gesehn habe ich, gesehn die Bedrückung meines Volks, das in Ägypten ist,
ihren Schrei vor seinen Treibern habe ich gehört,
ja, erkannt habe ich seine Leiden.
Nieder zog ich,
es aus der Hand Ägyptens zu retten,
es aus jenem Land hinaufzubringen
nach einem Land, gut und weit,
nach einem Land, Milch und Honig träufend,
nach dem Ort des Kanaaniters und des Chetiters,
des Amoriters und des Prisiters,
des Chiwwiters und des Jebusiters.
Nun,
da ist der Schrei der Söhne Jisraels zu mir gekommen,
und gesehn auch habe ich die Pein, mit der die Ägypter sie peinigen:
nun geh,
ich schicke dich zu Pharao,
führe mein Volk, die Söhne Jisraels, aus Ägypten!
Mosche sprach zu Gott:
Wer bin ich,
daß ich zu Pharao gehe,
daß ich die Söhne Jisraels aus Ägypten führe!
Er aber sprach:
Wohl, ich werde dasein bei dir,
und dies hier ist dir das Zeichen, daß ich selber dich schickte:
hast du das Volk aus Ägypten geführt,
an diesem Berg werdet ihr Gotte dienstbar.
Mosche sprach zu Gott:
Da komme ich denn zu den Söhnen Jisraels,

ich spreche zu ihnen: Der Gott eurer Väter schickt mich zu euch,
sie werden zu mir sprechen: Was ists um seinen Namen? –
was spreche ich dann zu ihnen?
Gott sprach zu Mosche:
Ich werde dasein, als der ich dasein werde.
Und er sprach:
So sollst du zu den Söhnen Jisraels sprechen:
ICH BIN DA schickt mich zu euch.
(Ex 3,1–14; Übersetzung Martin Buber)

Wir wollen diesem einen nachgehen: SEIN Bote ließ von ihm sich sehen in der Lohe eines Feuers mitten aus dem Dornbusch.

Es wäre auch anderes mitzubedenken, etwa: daß das Feuer und der Anruf aus dem Feuer von Mose in der *Wüste* vernommen wurden. Bei Hosea spricht Gott: „Siehe, ich will sie locken und in die Wüste führen: da will ich zu ihrem Herzen sprechen" (2,16).

Bedeutet das, daß wir Gott besonders in der Wüste wahrnehmen können? Was bedeutet „Wüste" als geistliches Wort?

Oder es wäre zu bedenken: Was bedeutet es, daß Gott aus dem Dornbusch spricht? Daß das Wort zu Aufbruch und Befreiung aus dem Dornbusch kommt? Eine alte jüdische Auslegung sagt: Gott hat den Berg verlassen und den Dornbusch gewählt, aus dem er sprach: Gesehen habe ich, gesehen das Elend meines Volkes. Der Dornbusch ist voller Stacheln und Dornen, dergestalt, daß kein Vogel, der in ihm Zuflucht sucht, ohne Verletzung herauskommt: so will Gott selber aus der Bedrängnis der

Bedrängnis seines Volkes nahe sein! Er will gleichsam mit wundem Herzen und zerrissenen Händen seinem Volk sein Erbarmen erweisen.

Was wir in diesem Abschnitt des Buches Exodus hören, ist Anfang, größte Gottesoffenbarung. Die Geschichte des Volkes mit Gott beginnt. Abraham war ein erster, ein einzelner Berufener. Jetzt beginnt die Berufung des Volkes Gottes.

Hier erfährt ein Mensch etwas von Gott. Hier ist ein Mensch in einer „gefährlichen" Nähe vor Gott, gleichsam in der lebensgefährlichen Zone vor Gott! Karl Barth schreibt: „Eine alle Aussicht versperrende Feuermauer ... ein Alarmruf, Feuerzeichen ... Erdbebensphäre ... Das unbedingte Halt! gegenüber aller menschlichen Unruhe und das unbedingte Vorwärts! gegenüber aller menschlichen Ruhe, das Ja in unserem Nein und das Nein in unserem Ja, der Erste und der Letzte und als solcher *der* Unbekannte, nie und nimmer aber eine Größe unter anderen in der uns bekannten Mitte ..."

Hier wird für einen Menschen – und durch ihn für ein Volk – Gott zum lebendigen Gott seiner Geschichte.

Es kann sein, daß ein Mensch von dem, was er mit „Gott" meint, nie beunruhigt wird. Er hat das Wort und seinen Inhalt überkommen aus seiner Umwelt und Erziehung, und es bleibt unbefragt. Ob es der lebendige Gott ist?

In den chassidischen Geschichten, die Martin Buber uns weitererzählt hat, hat eine die Überschrift „Das Erlernte".

„Als Levi Jizchak von seiner ersten Fahrt zu Rabbi Schmelke von Nikolsburg, die er gegen den Willen seines Schwiegervaters unternommen hatte, zu diesem heimkehrte, herrschte er ihn an: ‚Nun, was hast du schon bei ihm erlernt?!' ‚Ich habe erlernt', antwortete Levi Jizchak, ‚daß es einen Schöpfer der Welt gibt.' Der Alte rief einen Diener herbei und fragte den: ‚Ist es dir bekannt, daß es einen Schöpfer der Welt gibt?' ‚Ja', sagte der Diener. ‚Freilich', rief Levi Jizchak, ‚alle sagen es, aber erlernen sie es auch?'"

Eine alte, auf Benedikt zurückgehende Weisung über die Prüfung einer geistlichen Berufung sagt: Man muß bis auf den Grund des Herzens dringen und sehen, ob Gott da ist oder ob er dort sein wird. Ob eine Offenheit, ein Suchen nach Gott da ist: ob in der Tiefe der Seele der Widerschein des Feuers ist, die aufbrechende Leidenschaft für Gott! Ob einer „Feuer und Flamme" für Gott sein will!

Andererseits: Alle Gotterfahrenen sagen: Es gibt eine Unmittelbarkeit zu Gott, die tödlich ist! Als später Mose einmal Gott bittet: „Laß mich doch deine Herrlichkeit sehen!", da antwortet Gott: „Du kannst mein Angesicht nicht sehen; denn kein Mensch kann mich sehen und am Leben bleiben" (Ex 33, 18.20).

Von Nikolaus von Flüe wird berichtet, daß er, nachdem er die Vision des Antlitzes gehabt hatte, selber seitdem ein verzerrtes Antlitz hatte, so daß Besucher vor ihm erschraken.

C. G. Jung meint, daß Bilder von Gott, Dogmen, Riten, Sakramente für die Menschen auch eine Art Schutz sind vor der „tödlichen" Unmittelbarkeit zum Göttlichen. Von Menschen, die ein außergewöhnliches Gespür für Gott haben, eine Art „visionärer" Nähe zu Gott, erfahren wir nicht selten, daß sie wie auf einer Grenze leben.

Das freilich ist heute keineswegs die Gefahr für den

Menschen. Für den Menschen heute gilt vielmehr die Gefahr der totalen Ablenkung von Gott, der Abschirmung vor dem Anruf Gottes. Das Feuer ist zugedeckt! Gott verblaßt, ja verschwindet aus dem Bewußtsein der Menschen.

Die Juden zur Zeit Jesu durften sich kein Bild von Gott machen. Aber statt dessen haben manche von ihnen – als Abschirmung – das *Gesetz* so fest zwischen sich und das lebendige Gottesantlitz gestellt, daß sie nur noch auf das Gesetz starrten; und als er unter ihnen erschien, die lebendige Ikone Gottes, da erkannten sie ihn nicht: „Wir haben ein *Gesetz,* und nach diesem Gesetz muß er sterben!"

Es kann sein, daß die Selbstverständlichkeit des überkommenen Gotteswissens in seiner „dogmatischen" Setzung und Verästelung das „Feuer" abdeckt.

Es gibt ein Wort Jesu, das außerhalb des Evangeliums überliefert ist (im koptischen Thomasevangelium und bei Origenes): „Wer mir nahe ist, ist dem Feuer nahe, wer mir fern ist, ist dem Reiche fern."

Jesus Christus, *die* Erscheinung Gottes, ist er wie Feuer? Wir denken an Worte und Taten Jesu wie diese:

„Ich bin gekommen, um Feuer auf die Erde zu werfen. Wie froh wäre ich, es würde schon brennen!" (Lk 12, 49).

„Jesus ging in den Tempel und trieb alle Händler und Käufer aus dem Tempel hinaus; er stieß die Tische der Geldwechsler und die Stände der Taubenhändler um ..." (Mt 21, 12).

„Und er sah sie der Reihe nach an, voll Zorn ..." (Mk 3, 5).

„Er sagte zu ihnen: Wer von euch ohne Sünde ist,

werfe als erster einen Stein auf sie. Und er bückte sich wieder und schrieb auf die Erde. Als sie seine Antwort gehört hatten, ging einer nach dem andern fort, zuerst die Ältesten ..." (Joh 8,7–9).

„Jesus sagte zu ihm: Laß die Toten ihre Toten begraben; du aber geh und verkünde das Reich Gottes!" (Lk 9,60).

„Da wandte sich der Herr um und blickte Petrus an ... Und er ging hinaus und weinte bitterlich" (Lk 22,61.62).

Aber auch:

„Da wurde er vor ihren Augen verwandelt; sein Gesicht leuchtete wie die Sonne, und seine Kleider wurden blendend weiß wie das Licht" (Mt 17,2).

„Und sie sagten zueinander: Brannte uns nicht das Herz in der Brust, als er unterwegs mit uns redete und uns den Sinn der Schrift erschloß?" (Lk 24,32).

„Unterwegs aber, als er sich bereits Damaskus näherte, geschah es, daß ihn plötzlich ein Licht vom Himmel umstrahlte. Er stürzte zu Boden und hörte, wie eine Stimme zu ihm sagte: Saul, Saul, warum verfolgst du mich?" (Apg 9,3–4).

Anruf aus dem Feuer! Alle Geschichte hat Anredecharakter, aber es gibt Stunden, in denen der Anruf sich in unerhörter Weise verdichtet, so, daß der Angerufene weiß: dies ist *unbedingter* Ruf! Ihn überhören wäre tiefster Gottes- und Selbstverrat. In solcher Stunde darf es kein halbes Sicheinlassen geben. Man muß sich ausliefern – oder man scheidet ganz aus. Jetzt kann man nicht mehr aufschieben. Jetzt gilt: „Wer die Hand an den Pflug legt und zurückschaut, taugt nicht für das Reich Gottes" (vgl. Lk 9,62).

Kenne ich solche Lebensstunde?

Von dem Bild des brennenden Dornbusches geht unser Blick hin zum Pfingsttag. (In der Kapelle des Priesterseminars von Münster ist gegenüber dem Dornbusch-Fenster das Pfingst-Fenster.) Das Bild vom brennenden Dornbusch, in dem Gott sich verbirgt und erscheint, sagt: Der tiefste Hintergrund der Welt ist: Feuer! Geist! Liebe! Hinter den Rätseln, hinter den Abgründen der Menschengeschichte: dieses Feuer! In Jesus, dem Gekreuzigten und Auferstandenen, ahnen wir, was dieses Feuer ist.

Pfingsten ist kosmisches Ereignis. Der brennende Dornbusch ist das verborgene Signum der Welt: „In der Kraft *des Heiligen Geistes* erfüllst du die ganze Schöpfung mit Leben und Gnade" (Hochgebet der Messe).

Wir, die Getauften, müssen diese verborgene österliche „Feuerdimension" durchscheinen lassen; wir sollen als Angerufene am Werk der *Durchlichtung* der Welt mitarbeiten!

Franz Kafka, der als Jude gewußt hat, welche Bedeutung das Wort Herrlichkeit (Kabod) hat, hat einmal in sein Tagebuch geschrieben: „Es ist sehr gut denkbar, daß die Herrlichkeit des Lebens um jeden und immer in ihrer ganzen Fülle bereitliegt, aber verhängt, in der Tiefe, unsichtbar, sehr weit. Aber sie liegt dort, nicht feindselig, nicht widerwillig, nicht taub. Ruft man sie mit dem richtigen Wort, beim richtigen Namen, dann kommt sie."

Der Name, der aus dem Feuer uns entgegenkommt, heißt: „Ich bin da bei euch!"

Charles de Foucauld, der den brennenden Dornbusch in der Wüste erlebt hat, ruft stammelnd aus: „Wie werde ich daran froh, daß Gott Gott ist!"

DIE FRAGEN

1. Komme ich mit meinem Leben wirklich vor den *lebendigen* Gott?

2. Was sage ich auf die Frage: Haben Sie Erfahrungen mit Gott gemacht?

3. Kenne ich in meinem Leben die Erfahrung Gottes an der Grenze? Am Rand der Wüste? In Überraschung?

Mechthild von Magdeburg († um 1294) sagt: „Denn die Gottheit ist ein heißer Brand" (Wan du Gotheit ist so furig heis). Was ist das? Gott im Feuer – was bedeutet das für meine Gottesbeziehung? (Mechthild von Magdeburg legt es so aus: „Du brennender Gott in deiner Sehnsucht"). Das Alte Testament spricht manchmal vom eifernden, vom eifersüchtigen Gott. Der brennende Dornbusch – und das Gottesbild Jesu!

4. Wie erfahre ich Christus in dem Wort: „Wer mir nahe ist, ist dem Feuer nahe"? Habe ich ihn zu einem abgedeckten Feuer gemacht?

5. Anruf aus dem Feuer: Was erwartet Gott jetzt am ehesten von mir?

Gott im Feuer – Theresia von Lisieux erfährt es so: „Er will alles; und wenn wir ihm auch nur das Geringste verweigern, dann liebt er uns so sehr, daß er nicht nachläßt!"

Es gibt eine Betroffenheit vor diesem Gott, der im Feuer erscheint: „Wer kann weilen bei dem verzehrenden Feuer? Wer kann wohnen bei den ewigen Gluten?" (Jes 33,14).

„Nahe nicht herzu!
Streife deine Schuhe von deinen Füßen,
denn der Ort, darauf du stehst, Boden der Heiligung ists!"

Zwei Zeugnisse

1. Blaise Pascal (1623–1662), großer Mathematiker und Naturwissenschaftler, erfährt in einer Phase starker Verweltlichung plötzlich die Nacht der großen Bekehrung. Nach seinem Tode entdeckte man einen in das Rockfutter eingenähten Pergamentstreifen, auf dem Pascal in stammelnden Worten das Erlebnis jener Nacht festgehalten hat, das berühmte „Mémorial". Nach genauer Datierung dieses Erlebnisses steht gleichsam als Überschrift das einzige Wort „Feu" (Feuer). Er hat Gott im Feuer erfahren.

„Das Jahr der Gnade 1654.
Montag, 23. November, Tag des heiligen Clemens, Papst und Martyrers, und anderer im Martyrologium,
Vigil des heiligen Chrysogonus, Martyrers, und anderer,
Von ungefähr zehn und einhalb Uhr am Abend bis ungefähr eine
halbe Stunde nach Mitternacht,

Feuer.

‚Gott Abrahams, Gott Isaaks, Gott Jakobs',
nicht der Philosophen und Gelehrten.
Gewißheit, Gewißheit. Empfindung. Freude. Friede.
Gott Jesu Christi.
Deum meum et Deum vestrum.
‚Dein Gott soll mein Gott sein.'
Vergessen der Welt und aller Dinge, ausgenommen Gott.
Er wird nur auf den Wegen gefunden, die im Evangelium gelehrt sind.
Größe der menschlichen Seele.

‚Gerechter Vater, die Welt hat Dich nicht erkannt,
aber ich habe Dich erkannt.'
Freude, Freude, Freude, Tränen der Freude.
Ich habe mich von ihm getrennt:
Dereliquerunt me fontem aquae vivae.
‚Mein Gott, wirst Du mich verlassen?'
Möge ich nicht ewig von ihm getrennt werden.
‚Dies ist das ewige Leben, daß sie Dich erkennen,
den einzigen, wahren Gott, und den Du gesandt hast,
Jesus Christus.'
Jesus Christus.

Ich habe mich von ihm getrennt; ich bin vor ihm geflohen,
ich habe ihn verleugnet, gekreuzigt.
Möge ich nie von ihm getrennt sein.

Er wird nur auf den Wegen bewahrt, die im Evangelium gelehrt sind:
Vollkommene, innige Entsagung.
Vollkommene Unterwerfung unter Jesus Christus
und unter meinen geistlichen Führer.
Ewig in der Freude für einen Tag der Plage auf Erden.
Non obliviscar sermones tuos. Amen."

2. In dem von Heinrich Spaemann herausgegebenen Buch „Wer ist Jesus von Nazaret – für mich?" berichtet Alfons Rosenberg, wie er zum erstenmal Jesus als „Feuergestalt" erfährt:

„Ich zog dies äußerlich kleine Buch aus einem Schutthaufen hervor, der sich in einem der leeren Zimmer jenes Schlößchens auf der Insel eines bayerischen Sees befand, auf welcher ich zehn Jahre als Handwerker, Bauer, später wieder als Maler lebte.

Ich war 1925 aus der zerrütteten Welt in die Einsamkeit ausgewandert, um Grund zu finden. An meinem 13. Geburtstag hatte ich dem Judentum, aus dem ich herkunftsmäßig stamme, abgesagt. Seitdem suchte ich das Wahre, das den Frieden schenkt. Ich hatte mich in die asiatischen Religionen eingelebt, wurde ein Schüler Buddhas, versenkte mich in die Weisheit des mich auch heute ehrwürdig dünkenden Tao-te-king. Aber wirkliche Befriedigung, d.h. Frieden, fand ich auf diesem Wege nicht. So wartete ich unbewußt auf den ‚ersten Blitz'.

Und dieser traf mich, als ich in einem Zuge während einer Nacht und eines Tages, immer erglühender, das im Schutt gefundene Evangelium las. Zu meiner Überraschung, ja zum Schrecken trat mir aus dessen Worten Jesus als eine ungeheure, unfaßbare Feuerflamme hervor: ohne eine mir bekannte Kontur, ohne menschliche Umrisse, Urgestalt vor jedem Namen, Einheit vor aller Teilung. Diese Urerfahrung Jesu als eines niederzuckenden, auf Erden brennenden Feuers blieb mir seitdem der Maßstab für alles, was ich von Jesus erkannte und glaubte und was andere von ihm berichteten."

3

Wer es mit Gott zu tun bekommt,
der steht
im Feuer der Prüfung

Elischa

Elija hatte die große Gottesoffenbarung am Horeb erfahren: Gott nicht im Sturm, nicht im Erdbeben, nicht im Feuer, sondern „Stimme der feinen Stille". Elija hat den Gott erfahren, der auf Macht und Gewalt verzichtet, der einmal in Jesus zur wehrlosen Liebe werden wird (vgl. Kapitel 7).

Nun bekommt Elija einen dreifachen Auftrag: „Salbe Hasael zum König über Aram! Jehu, den Sohn Nimschis, sollst du zum König von Israel salben, und Elischa, den Sohn Schafats aus Abel-Mehola, salbe zum Propheten an deiner Stelle" (1 Kön 19,15b–16).

Von der Erfüllung des dritten Auftrags erfahren wir in den Versen 1 Kön 19,19–21 (Übersetzung von Martin Buber):

19 *„Als er von dort dahin gegangen war, fand er Elischa, Sohn Schafats,*
der pflügte eben,
zwölf Gespanne vor sich, selber war er beim zwölften.
Wie Elijahu an ihm vorüberschritt, warf er seinen Mantel auf ihn,
20 *schon verließ er die Rinder und lief Elijahu nach und sprach:*
Laß mich nur meinen Vater und meine Mutter küssen, und ich gehe dir nach.
Er sprach zu ihm:
Geh, kehr um,
was habe ich dir denn getan?
21 *Er kehrte vom Nachfolgen um*
und nahm das eine Rindergespann und schlachtete es,
und mit dem Geschirr der Rinder kochte er das Fleisch
und gabs dem Volk zu essen,

dann hob er sich hinweg und ging Elijahu nach. Und er durfte ihm aufwarten.“

Elischa wird ein wohlhabender Bauer gewesen sein: zwölf Gespanne beim Pflügen! Da kommt Elija vorbei – Augenblick der Berufung! Er wirft den Prophetenmantel auf Elischa, eine tief symbolische Handlung, die Elischa sofort versteht. In unübertrefflicher Kürze heißt es: „Schon verließ er die Rinder und lief Elijahu nach.“ Sofortiges Erfassen der Berufung. Kommt dann doch ein Zögern? Laß mich nur noch Abschied nehmen von Vater und Mutter!

Wir denken an das Evangelium. Da sagt einer: „Ich will dir nachfolgen, Herr. Zuvor aber laß mich von meiner Familie Abschied nehmen. Jesus erwiderte ihm: Keiner, der die Hand an den Pflug gelegt hat und nochmals zurückblickt, taugt für das Reich Gottes“ (Lk 9,61–62). Es ist die Unbedingtheit, die „Rücksichtslosigkeit“ einer Berufung. Auch Elija dringt auf die Radikalität dieser Berufung: „Geh, kehr um, was habe ich dir denn getan?“ Das heißt wohl: Gut, geh nach Hause, aber bedenke, was in dir geschehen ist! Nimm die Heimkehr als letzte Prüfung, ob du imstande bist, alles loszulassen und mit mir zu gehen! Du stehst in einer letzten Entscheidung! Ich lasse dich mit dieser Entscheidung allein. Du bist es, der zuletzt ganz allein diese Entscheidung fällen muß!

Wir erfahren nicht, ob Elischa zu seinen Eltern zurückgekehrt ist, wir hören nur, daß er auf sein Feld zurückkehrt. Was er dort tut, ist ein überwältigendes Zeichen radikaler Bereitschaft: er schlachtet die Zugtiere, nimmt das Joch der Rinder als Brennmaterial und bereitet den Seinen ein Fest. Er läßt alles los, Eltern und

Besitz – nur noch Aufbruch auf den Weg der Berufung. Es scheint wie ohne Anstrengung zu gehen. Was er losläßt, wird zum Fest. Große Gebärden der Freigebigkeit. Das Gelassene leuchtet. Solches Nachfolgen kann andere froh machen und Freiheit ahnen lassen.

Was tauscht er ein? Der, dem er nachfolgt, ist immer noch auf der Flucht vor der Todesbedrohung. Der begüterte Bauer wird Diener des Propheten: „Und er durfte ihm aufwarten."

Nicht jede Berufung geht so vor sich!

Wenige Kapitel weiter, im 2. Buch der Könige (2, 1–18) erfahren wir, wie die Berufung des Elischa besiegelt wird.

[1]*„An dem Tag, da der Herr Elija im Wirbelsturm in den*
Himmel aufnehmen wollte, ging Elija mit Elischa von
Gilgal weg. [2]*Er sagte zu Elischa: Bleib hier; denn der Herr*
hat mich nach Bet-El gesandt. Doch Elischa erwiderte: So
wahr der Herr lebt, und so wahr du lebst: Ich verlasse dich
nicht. So gingen sie nach Bet-El. [3]*Dort kamen die Prophe-*
tenjünger, die in Bet-El waren, zu Elischa heraus und sag-
ten zu ihm: Weißt du, daß der Herr heute deinen Meister
über dein Haupt hinweg aufnehmen wird? Er antwortete:
Auch ich weiß es. Seid still! [4]*Elija aber sagte zu ihm: Bleib*
hier, Elischa; denn der Herr hat mich nach Jericho ge-
sandt. Elischa erwiderte: So wahr der Herr lebt, und so
wahr du lebst: Ich verlasse dich nicht. So kamen sie nach
Jericho. [5]*Dort traten die Prophetenjünger, die in Jericho*
waren, an Elischa heran und sagten zu ihm: Weißt du,
daß der Herr heute deinen Meister über dein Haupt hin-
weg aufnehmen wird? Er antwortete ihnen: Auch ich
weiß es. Seid still! [6]*Elija aber bat ihn: Bleib hier; denn der*
Herr hat mich an den Jordan gesandt. Elischa erwiderte:

So wahr der Herr lebt, und so wahr du lebst: Ich verlasse
dich nicht. So gingen beide miteinander. 7 Fünfzig Prophe-
tenjünger folgten ihnen und blieben dann seitwärts in
einiger Entfernung stehen. Die beiden traten an den Jor-
dan. 8 Hier nahm Elija seinen Mantel, rollte ihn zusam-
men und schlug mit ihm auf das Wasser. Dieses teilte
sich nach beiden Seiten, und sie schritten trockenen Fu-
ßes hindurch. 9 Als sie drüben angekommen waren, sagte
Elija zu Elischa: Sprich eine Bitte aus, die ich dir erfüllen
soll, bevor ich von dir weggenommen werde. Elischa ant-
wortete: Möchten mir doch zwei Anteile deines Geistes
zufallen. 10 Elija entgegnete: Du hast etwas Schweres erbe-
ten. Wenn du siehst, wie ich von dir weggenommen
werde, wird es dir zuteil werden. Sonst aber wird es nicht
geschehen. 11 Während sie miteinander gingen und rede-
ten, erschien ein feuriger Wagen mit feurigen Pferden
und trennte beide voneinander. Elija fuhr im Wirbel-
sturm zum Himmel empor. 12 Elischa sah es und rief laut:
Mein Vater, mein Vater! Wagen Israels und sein Lenker!
Als er ihn nicht mehr sah, faßte er sein Gewand und riß
es mitten entzwei. 13 Dann hob er den Mantel auf, der
Elija entfallen war, kehrte um und trat an das Ufer des
Jordan. 14 Er nahm den Mantel, der Elija entfallen war,
schlug mit ihm auf das Wasser und rief: Wo ist der Herr,
der Gott des Elija? Als er auf das Wasser schlug, teilte es
sich nach beiden Seiten, und Elischa ging hinüber.

15 Die Prophetenjünger von Jericho, die in der Nähe
standen, sahen ihn und sagten: Der Geist des Elija ruht
auf Elischa. Sie kamen ihm entgegen und warfen sich vor
ihm zur Erde nieder. 16 Dann sagten sie zu ihm: Unter dei-
nen Knechten sind fünfzig starke Männer. Sie sollen auf
die Suche nach deinem Meister gehen. Der Geist des

Herrn könnte ihn fortgetragen und auf einem der Berge oder in einem der Täler niedergesetzt haben. Doch Elischa entgegnete: Schickt niemand! [17] *Als sie aber heftig darauf bestanden, sagte er: Schickt sie also hin! Sie schickten fünfzig Mann aus, und diese suchten drei Tage lang. Da sie ihn nicht fanden,* [18] *kehrten sie zu Elischa zurück. Er hielt sich noch in Jericho auf und sagte zu ihnen: Habe ich euch nicht gesagt: Ihr sollt nicht hingehen?"*

Der Bericht ist von einzigartiger Größe. Es ist die Sprache der Bilder (und der Träume). Wir wollen nicht der Frage nachgehen, wie etwa dies zu deuten ist: „... da erschien ein feuriger Wagen ... Elija fuhr im Wirbelsturm zum Himmel empor" – dieses Hinübergerissenwerden eines leidenschaftlichen Prophetenlebens in die Welt des Göttlichen.

Wir wollen nur der Berufung des Elischa nachgehen. Wie durch eine dreimalige Prüfung muß er gehen, ob er imstande ist, das Wagnis solchen Lebens zu bestehen. Elija geht gleichsam das letzte steile Stück seines Weges; ein letztes Sicheinlassen auf Gottes Sendung hierhin und dorthin: „... denn der Herr hat mich nach Bet-El gesandt ...; denn der Herr hat mich nach Jericho gesandt ...; denn der Herr hat mich an den Jordan gesandt ..." Ein letztes Sicheinüben in die Fügsamkeit unter der Hand Gottes.

Und da das dreimalige „Bleib hier" an Elischa. Wie bei der ersten Berufung „Bedenke, was ich an dir getan habe", damals einladend, jetzt fast abweisend: Bedenke, was das für ein Weg ist, den du mit mir gehen willst! Bleib lieber zurück, wenn in dir die Angst größer ist. Es ist ein schwerer Weg, unüberschaubar, einsam ... „Bleib hier; denn der Herr hat mich gesandt": ich kann nicht anders, ich steh' unter dem Anruf, dem ich nicht widerstehen kann; aber du? Soll ich dich in mein Schicksal hineinreißen? Prüfe dich, ob du dem Ruf gewachsen bist ...

Oder ist dieses dreimalige „Bleib hier" doch eher eine verhüllte Erwartung des Propheten: will sehen, ob er die Prüfung aushält? Hält er sie aus, so ist er geläutert, gehärtet.

Es gibt einen Aufbruch im jugendlichen Übergriff über sich selbst hinaus. Aber hält er durch, wenn das Nichterwartete kommt, die Mühsal des Weges, die Zweifel ...? Manchem steigt da im eigenen Herzen ein „Bleib lieber zurück" auf. Und es wird stärker und stärker, dreimal ... Und auf einmal ist es stärker als das „Komm!" Vielstimmig ist heute aus aller Welt das „Bleib lieber zurück", das an das Ohr und Herz des Gerufenen dringt.

Aber dreimal kommt auch bei Elischa das: „So wahr der Herr lebt, und so wahr du lebst: Ich verlasse dich nicht. So gingen beide miteinander." So ist er reif geworden, die letzte, entscheidende Prüfung zu bestehen. Es ist die Frage nach dem tiefsten Lebenswunsch, nach dem, wovon das Herz voll ist: „Da sagte Elija zu Elischa: Sprich eine Bitte aus, die ich dir erfüllen soll, bevor ich von dir weggenommen werde." Es ist eine Frage wie jene Frage Gottes an den jungen König Salomo: „In Gibeon erschien der Herr dem Salomo nachts im Traum und forderte ihn auf: Sprich eine Bitte aus, die ich dir gewähren soll." Und Salomo: „Verleih deinem Knecht ein hörendes Herz." „Es gefiel dem Herrn, daß Salomo diese Bitte aussprach ..." (1 Kön 3, 5.9.10).

Elischas Bitte lautet: „Möchten mir doch zwei Anteile

deines Geistes zufallen" („zwei Anteile" weist auf Dtn 21,17 hin, wo dem Erstgeborenen zwei Anteile des Erbes zugewiesen werden; es geht also hier darum, daß Elischa *der* Erbe in der Prophetenschaft des Elija werden möchte). Und Elija: „Du hast etwas Schweres erbeten!" Welches Gewicht liegt in diesem Wort! Ein ganzes Prophetenschicksal!

Elija weiß, daß das Prophetentum Gabe, Charisma ist, das er nicht vergeben kann, das nur Gott gewähren kann. Noch einmal prüft Elija den Elischa, ob er ein von Gott Gerufener ist: „Wenn du siehst, wie ich von dir weggenommen werde, wird es dir zuteil werden. Sonst aber wird es nicht geschehen." Öffnet Gott die Augen und das Herz des Elischa, daß er ein Sehender, ein Seher wird?

Und es geschieht. Erinnern wir uns: Es ist die Sprache der Bilder, die Sprache der Träume! „Während sie miteinander gingen und redeten, erschien ein feuriger Wagen mit feurigen Pferden und trennte beide voneinander. Elija fuhr im Wirbelsturm zum Himmel empor. Elischa sah es und rief laut: Mein Vater, mein Vater! Wagen Israels und sein Lenker! Als er ihn nicht mehr sah, faßte er sein Gewand und riß es mitten entzwei" (2,11–12).

Aufschrei des Zurückgelassenen – und des Gerufenen! („und rief laut") und herzzerreißender Schmerz („Faßte er sein Gewand und riß es mitten entzwei")! Es ist, als würde Elischa in den „raptus", in die Entrückung des Elija hineingerissen: „Feuertaufe im Geist des Elija" (Manfred Lürken).

Nun ist die Kraft des Propheten über ihn gekommen. „Dann hob er den Mantel auf, der Elija entfallen war, kehrte um und trat an das Ufer des Jordan. Er nahm den

Mantel, der Elija entfallen war, schlug mit ihm auf das Wasser und rief: Wo ist der Herr, der Gott des Elija? Als er auf das Wasser schlug, teilte es sich nach beiden Seiten, und Elischa ging hinüber" (2, 13–14).

Wo das Göttliche die Kraft der Integration ist, da werden Höhen und Tiefen (feuriger Wagen zum Himmel empor – Wassertiefen des Jordan) *durchlässig* für den Weg des Menschen.

Die durchgehaltene Treue auf dem Weg der Berufung – dreimal das „So wahr der Herr lebt, ich verlasse dich nicht!" – durch alle Widerstände hin – das dreimalige „Bleibe ..." – wird von Gott besiegelt mit der Kraft seines Geistes.

„Dann hob er den Mantel auf, der Elija entfallen war" – der Prophetenmantel, den damals Elija ein erstes Mal auf Elischa warf, wird nur für ihn zum Zeichen prophetischer Vollmacht.

Vor diesem Geschehen im Gotteswort kommt jede Berufung auf den Prüfstand. Mag es bei uns auch hundertmal alltäglicher zugehen, als es in diesem Bericht gesagt ist: Die Echtheit und Lebenswahrhaftigkeit unseres Weges ist unerbittlich angefragt.

Aber für den, der die Handauflegung erfahren hat, gibt es einen großen Trost, eine große Sicherheit: Wer ich auch bin – Gott hat die Hand auf mich gelegt, Gott hat mich genommen!

„Wer es mit Gott zu tun bekommt, der steht im Feuer der Prüfung", so lautet unsere Überschrift. Es muß einige geben, die diesem Feuer standhalten – und ihrer Berufung.

In einer Zeit äußerster Bedrohung, in einer Zeit der Gottvergessenheit will Gott Wächter, Sehende aufstellen. Schon gibt es viele Menschen, die fragen: „Wächter, wie weit ist es in der Nacht?“ Wo sind die Wächter, die Antwort geben können? Nie waren Berufungen dringlicher, nie aber auch war die Prüfung auf Echtheit dringlicher.

DIE FRAGEN

1. Was ist meine Berufung?
2. Was ist das stärkste Motiv meiner Berufung?
3. Wodurch ist sie am meisten gefährdet?

4

Wer es mit Gott zu tun bekommt,
der muß kämpfen
mit Gott und mit sich selbst

Jakob

Es gibt in der Bibel Ereignisse und Worte, die von einer unerhörten unmittelbaren Gottesströstung sind, unmittelbar von Gott her erfahrene Stärkung und Tröstung des Glaubens und des Vertrauens: „Wenn du durchs Wasser schreitest, bin ich bei dir, wenn durch Ströme, dann reißen sie dich nicht fort. Wenn du durchs Feuer gehst, wirst du nicht versengt, keine Flamme wird dich verbrennen. Denn ich, der Herr, bin dein Gott, ich, der Heilige Israels, bin dein Retter" (Jes 43,2–3). Jakob selbst, von dem unsere Erzählung berichtet, hatte am Anfang seines Weges auf der Flucht vor seinem Bruder eine solche unmittelbare Gottesströstung erfahren, die Vision der Himmelsleiter, lebendige Brücke zwischen ihm und Gott.

Aber es gibt in der Bibel auch Ereignisse und Worte einer Gottesströstung, die völlig anders sind: gebrochen, dunkel, schwer – und dennoch, wenn sie bestanden werden, stark und bewegend für den Glaubenden.

Der Abschnitt, den wir bedenken wollen, ist von solcher Art. Hier wird ein Mann von Gott gesegnet. Aber als er nach einem nächtlichen Kampf gesegnet in das aufgehende Morgenlicht geht, hinkt er: gesegnet und geschlagen von Gott!

[23] In derselben Nacht stand er auf, nahm seine beiden
Frauen, seine beiden Mägde sowie seine elf Söhne und
durchschritt die Furt des Jabbok. [24] Er nahm sie und ließ
sie den Fluß überqueren. Dann schaffte er alles hinüber,
was ihm sonst noch gehörte. [25] Als nur noch er allein zu-
rückgeblieben war, rang mit ihm ein Mann, bis die Mor-
genröte aufstieg. [26] Als der Mann sah, daß er ihm nicht
beikommen konnte, schlug er ihn aufs Hüftgelenk. Ja-
kobs Hüftgelenk renkte sich aus, als er mit ihm rang.

Kampf, äußerste Herausforderung, Ort der Gottesbegegnung; Abschnitt

*[27]Der Mann sagte: Laß mich los; denn die Morgenröte ist
aufgestiegen. Jakob aber entgegnete: Ich lasse dich nicht
los, wenn du mich nicht segnest. [28]Jener fragte: Wie heißt
du? Jakob, antwortete er. [20]Da sprach der Mann: Nicht
mehr Jakob wird man dich nennen, sondern Israel (Got-
tesstreiter); denn mit Gott und Menschen hast du gestrit-
ten und hast gewonnen. [30]Nun fragte Jakob: Nenne mir
doch deinen Namen! Jener entgegnete: Was fragst du
mich nach meinem Namen? Dann segnete er ihn dort.
[31]Jakob gab dem Ort den Namen Penuël (Gottesgesicht)
und sagte: Ich habe Gott von Angesicht zu Angesicht ge-
sehen und bin doch mit dem Leben davongekommen.*

*[32]Die Sonne schien bereits auf ihn, als er durch Penuël
zog; er hinkte an seiner Hüfte. [33]Darum essen die Israeli-
ten den Muskelstrang über dem Hüftgelenk nicht bis auf
den heutigen Tag; denn er hat Jakob aufs Hüftgelenk, auf
den Hüftmuskel geschlagen.*

*33 [1]Jakob blickte auf und sah: Esau kam und mit ihm
vierhundert Mann. Da verteilte er die Kinder auf Lea und
Rahel und auf die beiden Mägde. [2]Die Mägde und deren
Kinder stellte er vorn hin, dahinter Lea und ihre Kinder
und zuletzt Rahel und Josef. [3]Er trat vor und warf sich
siebenmal zur Erde nieder, bis er vor seinem Bruder
stand. [4]Esau lief ihm entgegen, umarmte ihn und fiel
ihm um den Hals; er küßte ihn, und sie weinten.*

(Gen 32,23 – 33,4)

Diese Geschichte mutet uns in manchen Zügen seltsam fremd an: Da kämpft Gott leibhaftig mit einem Menschen; da bittet Gott, ihn loszulassen, weil die Morgenröte heraufzieht; da schlägt Gott den Menschen kampfunfähig und segnet ihn doch. Aber sie sagt uns etwas

Wesentliches vom Gottesbewußtsein Israels aus. In ihr wird überdies berichtet, wie Israel zu seinem Namen gekommen ist. Der Gott Israels aber ist der Gott Jesu Christi: Er ist unser Gott! Wir werden lernen müssen, was da geschehen kann, wenn man mit diesem Gott zu tun bekommt.

Jakob hat in der Nacht die ganze Familie, die Herden, seinen ganzen Besitz über den Jabbok gebracht. Mit seinen Kindern bringt er seine ganze Zukunft auf das andere Ufer. Er allein – das zu beachten ist wichtig – bleibt zurück. „Da rang ein Mann mit ihm", sagt der Bericht in ganzer Kürze. Die lange Nacht, bis die Morgenröte sich ankündigt. Eine Nacht von letzter Entscheidungstiefe; es scheint um Leben und Tod zu gehen. Es gibt solche Nächte in der Geschichte des Menschen mit Gott.

Hier, in diesem nächtlichen Überfall aus Dunkel und bedrohender Nachtstille fällt die Entscheidung über die Begegnung mit dem Bruder.

Diese Geschichte ist aus vielen uralten Überlieferungssträngen zur heutigen Gestalt gewachsen. Schon die Bitte jenes „Mannes", losgelassen zu werden, weist auf ein Gottesbild zurück, das der urisraelitischen oder vorisraelitischen Zeit angehört. Da gab es vielleicht eine Sage, die von einem nächtlichen Dämon an dieser Jabbok-Furt erzählte, von einem jener „Nachtgespenster", die nur im Dunkeln wirksam sein können und das Licht scheuen*.

* „Der spätjüdische Midrasch wollte das Begehren des ‚Engels', fortgelassen zu werden, so verstehen: Ich muß im Morgenchor vor Gottes Thron singen." Zur Auslegung der Perikope vgl. *G. von Rad,* Das erste Buch Mose (Göttingen [11]1981); *ders.,* Theologie des Alten Testaments, 2 Bde. (München [8]1982; [8]1984), die dankbar benutzt wurden.

Aber warum hat eine spätere „erleuchtete" Zeit diesen Zug der Überlieferung aus heidnischer Vorzeit nicht abgestoßen? Offenbar wußten die Späteren von einer schrecklichen, einsamen nächtlichen Gotteserfahrung des Ahnherren, die man mit dem Erzählstoff der Sage weitergab. Verwundung, Segnung und neue Namengebung wurden auf dieses Ereignis der Ahnherrengeschichte zurückgeführt. Was dieses Ereignis in Wirklichkeit war, läßt sich hinter dieser Erzählgestalt nicht mehr erkennen. Dies aber ist sicher: die gläubige Überlieferung wußte, daß hier etwas vom „Schrecken" Gottes erfahren worden war, von jenen fremden, unheimlichen Zügen in Gott, die auch sonst in der prophetischen Verkündigung gelegentlich auftauchen:

> „Ich wurde für sie zu einem Löwen,
> wie ein Panther lauere ich am Weg.
> Ich falle sie an wie eine Bärin,
> der man die Jungen geraubt hat,
> und zerreiße ihnen die Brust und das Herz."
> (Hos 13,7–8)

Und die gläubige Überlieferung wußte, daß diese Erzählung Jakobs einen wesentlichen Zug in der Geschichte mit Gott für Israel, für den Glaubenden aufbewahrte. Hier ist von einem Gott die Rede, der sich menschlichen Vorstellungen und menschlichem Wunschdenken nicht anpassen läßt. War nicht schon die Forderung Gottes an Abraham, seinen Sohn Isaak zu opfern, eine solche Verfremdung des Gottesbildes? Weiß nicht das Buch Ijob von der Dunkelheit über dem Gottesantlitz zu berichten? Daß dann freilich vom Ganzen der Offenbarung her ein Licht auf diese „unheimlichen" Züge des Gottesbildes fällt, darf nicht dazu verleiten, diesen Dunkelheiten

Gottes den „Schrecken" zu nehmen. Es kann für den Glaubenden, so wie Israel es im Laufe seiner Geschichte oft leidvoll erlebt hat, immer wieder Erfahrungen mit Gott geben, in der alle Vorstellungen von ihm auf furchtbare Weise zerbrechen*.

Aber das ist eine entscheidende Aussage dieser Jakobsgeschichte: Da, wo Gott in seiner schrecklichen Dunkelheit und Fremdheit den Menschen überfällt, ist er ihm leibhaftig nahe und wartet darauf, ihn, der ihn festhält, zu segnen („segnen" heißt im Alten Testament: den Namen Jahwes auf einen Menschen legen. Wie hat sich hier der Name Jahwes auf Jakob gelegt!). Da, wo die Geschichte des Gottesvolkes, des Glaubenden nachtdunkel geworden ist, ist Gott am Werk als einer, der durch Kampf und Verwundung hindurch segnet und in das aufgehende Licht führt.

Der Gott dieser Geschichte, der sich so dunkel verhüllt und der sich doch auch enthüllt, bleibt nicht in der Erhabenheit der Ferne, ist dem Menschen sehr nahe, macht sich mit dem Menschen gemein: „Laß mich los", sagt er, als habe der Mensch Macht über ihn; und am Ende sagt er: „Du hast mit Gott und Menschen gestritten und hast gewonnen!"

Aber diese Geschichte weiß auch von dem Leiden des Menschen an Gott, dem Unbegreiflichen, dem Fremden und Unheimlichen. „Da hast du dein Gesicht verborgen – da bin ich erschrocken!" (Ps 30). Reinhold Schneider

* „Vielleicht war Gott in den Gaskammern von Auschwitz, denn wir wissen, daß der Tag des Herrn Dunkelheit sein kann, nicht Licht; aber wenn wir dabei verweilen, könnten wir den Verstand verlieren ..." (*L. Blue,* Wie kommt ein Jude in den Himmel [München 1976]).

schreibt im „Winter in Wien" von einer solchen Erfahrung: „Des Vaters Antlitz hat sich ganz verdunkelt; es ist die schreckliche Maske des Zerschmeißenden, des Keltertreters; ich kann eigentlich nicht mehr ‚Vater' sagen ... Beten über den Glauben hinaus, gegen den Glauben, gegen den Unglauben, gegen sich selbst ... Es gibt den Unglauben, der in der Gnadenordnung steht, es ist ... der Ort vor dem Unüberwindlichen in der unüberwindlichen Nacht."

Beim Propheten Jeremia sagt Gott: „Bin ich denn ein Nahgott nur und ein Ferngott nicht auch?" (Jer 23,23). Und es kann geschehen, daß dieser Ferngott dem Glaubenden, wie Jakob, buchstäblich auf den Leib rückt mit seiner schrecklichen Fremdheit. Schreit nicht der mit Aussatz geschlagene Ijob zu Gott, er solle ihm doch nicht so schrecklich auf den Leib rücken? Diese rätselhafte Ferne Gottes wird zum allernächsten Schicksalsraum des Menschen: so hat es im äußersten Sinne Jesus am Kreuz erfahren!

Denn unser Blick geht von diesem Jakobskampf mit Gott hin zu dem *agōn,* dem „Kampf" Jesu mit Gott und der Menschheit im Garten Getsemani. Da ist tiefe Verborgenheit Gottes und – für den Glaubenden – Offenbarung zugleich. „Und er begann zu zittern und zu zagen." „Und als er in Todesangst geriet, betete er immer inbrünstiger. Und sein Schweiß wurde wie Blutstropfen, die zur Erde rannen." Der Hebräerbrief faßt diesen Kampf zusammen: „Er hat in den Tagen seines Fleisches Gebete und flehentliche Bitten mit starkem Schreien und Tränen vor den gebracht, der ihn vom Tode erretten konnte, und er ist befreit worden aus seiner Angst" (5,7).

Diese Worte lassen etwas ahnen von dem schrecklichen einsamen Ringen, von dem „Leiden an Gott". – Wir kehren zur Jakobsgeschichte zurück. Jakob hatte – viele Jahre liegt das zurück – seinen Bruder Esau um das Erstgeburtsrecht betrogen und sich den Segen des erblindeten Vaters Isaak erschlichen. Dann aber hatte er vor Esau, dem Stärkeren, fliehen müssen, denn „Esau war dem Jakob feind wegen des Segens, mit dem ihn sein Vater gesegnet hatte, und Esau sagte: Es nähern sich die Tage der Trauer um meinen Vater; dann werde ich meinen Bruder Jakob umbringen" (Gen 27,41). Jakob war in der Fremde zu Reichtum gekommen, auch hier listenreich. Jahrzehnte sind vergangen. Nun will er mit seiner großen Familie und der reichen Herde heimkehren – wie wird die Begegnung mit dem Bruder sein? Der Grenzfluß, der Jabbok, trennt sie noch. Jakob erfährt, daß Esau ihm mit 400 Knechten entgegenzieht: „Jakob wurde angst und bange. Er teilte seine Leute, die Schafe und Ziegen, die Rinder und Kamele auf zwei Lager auf und sagte: Wenn Esau zu dem einen Lager kommt und es niedermacht, dann kann das andere Lager entkommen" (Gen 32,8–9). Dann läßt er seinem Bruder reiche Geschenke entgegenbringen: „Denn Jakob sagte sich: Ich will ihn mit der geschenkten Herde, die vor mir herzieht, beschwichtigen" (32,21). Schließlich bringt er alles über den Fluß und bleibt in der Nacht allein zurück. Und da geschieht es: die Wende seines Lebens.

In dieser Nacht wird er von jenem geheimnisvollen Anderen vor seine Schuld gestellt. Er muß seinen Namen preisgeben, und der heißt nach der alten Deutung: Betrüger! Er muß in diesem langen nächtlichen Kampf, in dem es offenbar um Leben und Tod geht, sich durchkämpfen bis auf den Grund: er muß zu sich selber kommen, zu seiner Schuld, zu seinem Wesen, das verschattet ist vom Betrügerischen, vom Bruderbetrug.

Irgendwann in diesem nächtlichen Ringen muß es Jakob aufgegangen sein, daß jener Andere kein Gespenst ist, sondern daß er vor Gott gekommen ist. Und nun tut Jakob etwas, was die äußerste Glaubenstat ist mitten in der „dunklen Nacht der Seele": Er stürzt sich in seiner Todesangst gleichsam in einer Art gläubiger Verzweiflung in die Flucht nach vorne: „Ich lasse dich nicht los, wenn du mich nicht segnest!" So wie jener Andere auf Golgota nach dem „Warum hast du mich verlassen?" das Wort spricht: „In deine Hände gebe ich mein Leben!"

Diese Pro-vokation, Heraus-forderung Gottes wird das Rettende.

Er hatte sich zu seiner Schuld bekannt: Mein Name ist Betrüger, ich habe meinen Bruder betrogen! Er hatte sich zu sich selbst bekannt, zu seinem Schuldschatten, er hatte eingestanden, daß er einmal gesegnet worden war auf Grund eines Betruges, weil er nicht der zweite sein wollte – jetzt muß ein anderer Segen erbeten werden, der die Schuld verwandelt, der ihm einen neuen Namen schenkt, einen Namen, der für immer zum Namen eines ganzen Volkes wird: Is-rael, Gotteskämpfer.

Wunderbar geht der Bericht weiter. Die Sonne geht auf. Jakob geht zwar verwundet, aber gesegnet dem aufgehenden Licht entgegen. „Jakob blickte auf und sah …" (33, 1). „Esau lief ihm entgegen, umarmte ihn und fiel ihm um den Hals; er küßte ihn, und sie weinten …" (33, 4). Spürt Esau an dem hinkenden Bruder, daß an seiner Stelle ein Anderer an Jakob „Rache" genommen hatte?

Die Begegnung mit Gott, aus der Jakob als Verwandelter hervorging, bereitet die Begegnung mit dem Bruder. Der Friede mit Gott strahlt aus auf die Begegnung mit dem Bruder und verwandelt sie.

Wir haben unserer Besinnung die Überschrift gegeben: Wer es mit Gott zu tun bekommt, der muß kämpfen – mit Gott und mit sich selbst. Mit sich selbst? Es gibt Grenzsituationen, in denen sich die Nacht um uns zusammenzieht; und wir wissen, daß in dieser Dunkelheit eine Lebensentscheidung auf uns zukommt, der wir nicht mehr ausweichen können. In solcher Stunde gilt es, den Kampf mit sich selbst, mit aller Selbsttäuschung, aller *Lebensunwahrhaftigkeit* auf sich zu nehmen und vor dem schweigenden, aber ganz nahen Gott zur Wahrheit seiner selbst vorzudringen. Es kann ein schweres Ringen sein, sich dem eigenen Schatten zu stellen und ihn anzunehmen. „Betrüger" ist mein Name, das muß Jakob erkennen und eingestehen! Ich habe mein Leben auf einen Betrug aufgebaut! Es kann das Letzte kosten, zu diesem Eingeständnis vorzudringen (manchmal helfen uns die Traumbilder der Nacht, unserem Lebensschatten auf die Spur zu kommen). Aber indem ich mich mir selbst stelle in letzter Wahrhaftigkeit, stelle ich mich Gott. Einsam stehe ich als der, der ich in Wahrheit bin, vor Gott, dem Geheimnis der ewigen Wahrheit, entblößt von aller Eigen-Sicherung (Jakob hat vor dieser Nacht alle Habe losgelassen). Indem ich mich durchkämpfe zu dem, was ich in Wahrheit bin, kämpfe ich mich zugleich durch zum „Kontakt" mit Gott. Und in der äußersten Krisis, wenn ich angesichts der Wahrheitserkenntnis vielleicht an der Schwelle des Zusammenbruchs stehe, kann mich die Gnade erreichen, die mich sprechen läßt: „Ich lasse dich nicht los, wenn du mich nicht segnest!" Sich klammern an den, der einem die Lebensmaske vom Gesicht reißen will – und die unerhörte Erfahrung machen, daß dieser Andere *der* Segnende ist!

Jakob geht gesegnet, aber hinkend in das Morgenlicht hinein. Hinterläßt ein solches Loslassen seiner selbst, solches Sicheinlassen mit Gott solche Spuren? Spuren der Verwandlung, wie die verklärten Wunden? „Der Himmel übt an dir Zerbrechen. Du bist in der Gnade" (Nelly Sachs).

Dieser Kampf Gottes mit Jakob ist ein äußerstes Werben Gottes um ihn. Und – das ist ein kaum noch Denkbares – liefert sich in einem solchen Kampf Gott nicht auch dem Menschen aus? Gibt es in solchem Kampf so etwas wie eine aus der Liebe kommende „Schwäche" Gottes? („Mit Gott und Menschen hast du gestritten und hast gewonnen!"). In einem Gedicht von Konrad Weiß (1880–1940) ist beides angedeutet:

> Der meine Seele übermannt,
> der mich mit starkem Flügelschlag
> hinausträgt in das helle Land,
> die Seele hilflos übermannt,
> bis sie ihm gleich dem vollen Tag
> wie Beute unterm Herzen lag,
> von Gott die Seele übermannt
> wird schwerer mit dem gleichen Schlag.
>
> Der mich in seine Fänge riß,
> daß in mein ruheloses Herz
> des Greifes Kralle sich verbiß,
> der Vogel, der mich an sich riß,
> nun muß er mit mir erdenwärts,
> gezogen von dem einen Schmerz,
> daß er die Wunde ärger riß,
> als ruhelos verhieß mein Herz.

Wer sich Gott so läßt, wie Jakob es in dieser Nacht tat, der „überwindet" Gott. Dem läßt sich Gott. Dem öffnet Gott eine lichte Zukunft. Er wird fortan zum Segen für andere. „Ich habe Gott von Angesicht zu Angesicht gesehen, und bin doch mit dem Leben davongekommen." Tiefste Gotteserfahrung.

Aber auch in solcher Begegnung bleibt Gott das Geheimnis: „Was fragst du mich nach meinem Namen?"

DIE FRAGEN

1. Was löst dieser Bericht in mir aus?

2. Gab es in meinem Leben eine Stunde, die irgendwie eine Verwandtschaft mit diesem Gotteskampf hatte?

3. Was ist mein dunkelster Lebensschatten, meine Lebensunwahrhaftigkeit?

5

Wer es mit Gott zu tun bekommt,
der wird
auf einen Weg geschickt

Abraham

Es gibt Menschen, die ganz in ihrer Welt, in der sie leben, aufgehen. „Sie fühlen sich wohl, so wie sie sind, und haben keine Einwände dagegen zu erheben. Sie sind zufrieden, auf der Erde zu sein. Sie wünschen sich nicht, anderswo hinzugehen, sie möchten sich nicht verändern" (J. H. Newman).

Aber es gibt auch Menschen, die die Welt, in der sie leben, als „nicht genug" erleben. Sie wissen: dies ist nicht alles. Sie wissen, daß sie die Zukunft suchen müssen. Solche Menschen haben mehr als andere einen Sinn für Gott, ein Spürbewußtsein für den Weg Gottes.

Ein solcher Mensch ist Abraham gewesen, der erste Glaubende. Er ließ das los, was er fest hatte, und zog einer Zukunft entgegen, die er noch nicht kannte, die aber – das sagte ihm die Stimme – voller Verheißung war. Er verläßt das Sichere, Überschaubare, Berechenbare um des Kommenden willen.

Es muß solche Menschen geben, die den radikalen Aufbruch wagen, Kundschafter des Absoluten, Kundschafter der kommenden Welt, Wanderer zum Ewigen hin. Abraham war ein erster. Ein erster, der weiß: Dies hier ist nicht alles. Wir sind hier Fremdlinge, Pilger; wir suchen das Künftige.

Abraham war kein Abenteurer, denn er *vertraute!* Er vertraute der Verheißung Gottes, auf die lief er zu! Er wußte – anders als Kundschafter der Erde (Ernst Bloch: „Mundus est *laboratorium* possibilis salutis"; vielleicht können wir es *bewerkstelligen,* daß man auf der Welt heil leben kann.) –: ich kann die Zukunft nicht machen, sie wird mir gewährt. Aber ich muß ihr entgegengehen; und um ihr entgegengehen zu können, muß ich das Bisherige verlassen.

Abraham muß ein Seher ins Künftige gewesen sein, denn Jesus sagt von ihm: „Abraham jubelte, weil er *meinen* Tag sehen sollte. Er sah ihn und freute sich" (Joh 8,56). Er war ein Seher, der über die Grenzen eines kleinen Lebens weit hinaus geschaut hat bis an den Horizont, der Christus ist.

[1]Der Herr sprach zu Abram: Zieh weg aus deinem Land, von deiner Verwandtschaft und aus deinem Vaterhaus in das Land, das ich dir zeigen werde. [2]Ich werde dich zu einem großen Volk machen, dich segnen und deinen Namen groß machen. Ein Segen sollst du sein. [3]Ich will segnen, die dich segnen; wer dich verwünscht, den will ich verfluchen. Durch dich sollen alle Geschlechter der Erde Segen erlangen.

[4]Da zog Abram weg, wie der Herr ihm gesagt hatte, und mit ihm ging auch Lot. Abram war fünfundsiebzig Jahre alt, als er aus Haran fortzog (Gen 12,1–4).

Mit dem 11. Kapitel der Genesis, dem Turmbau von Babel, endet die Urgeschichte. Mit dem 12. Kapitel beginnt die Geschichte Abrahams, der ersten greifbaren geschichtlichen Gestalt.

Das erste Wort, das Gott in der Bibel zu einem Menschen der Geschichte spricht, lautet: „Zieh weg ...!" Dieses Wort steht am Anfang des Glaubensweges, des Weges mit Gott, für immer.

Es scheint: Wenn man es mit Gott zu tun bekommt, dann muß man aufbrechen. Ein Exodus steht am Anfang. Gott erwartet ein Loslassen, ein Freiwerden. Paulinus von Nola (353–431) schreibt: „Nicht umsonst bezeugt die Wahrheit, die sich oftmals in vielerlei göttlichen Zeichen kundgetan hat, daß sie nur geschaut werden kann, wenn das Loslassen vollzogen ist."

Der Anruf erreicht jeden. Wird er gehört?

Es gibt Phasen im Leben des Menschen, in denen in verschiedener Weise eine natürliche Disposition für den Anruf Gottes gegeben sein kann. Da ist die Phase der Adoleszenz, des Übergangs in das Erwachsensein. Es ist die Zeit einer starken Identitätssuche und des Willens zur Ichstärkung, zur Eigenständigkeit. Das zeigt sich in einer gewissen Loslösung vom Elternhaus und im Suchen nach Eigenem. Manchmal wird in dieser Phase der aus dem bisherigen Lebensmilieu überkommene Glaube aufgegeben. Manchmal nimmt der Aufbruch ins Eigene eine schlimme Gestalt an: Auszug des „verlorenen Sohnes", aber zugleich ist es die Zeit, in der der Anruf Gottes zur wahren Berufung am eindringlichsten den jungen Menschen erreichen kann. Kaum jemals wieder im Leben wird das „Zieh weg ..." mit solcher Kraft des Auslangens über sich selbst so getan werden können wie in diesen Jahren.

Aber es lauert auch eine Gefahr: daß nämlich der Anruf Gottes zwar stark vernommen wird, daß aber im Gehen auf dem Weg das Hören des Rufes immer mehr sich vermischt mit einem Eigenentwurf. Das Suchen nach Gott wird unmerklich ein Suchen nach sich selbst. Dieses an sich gute und notwendige Suchen nach sich selbst, nach Ichstärke, nach Eigenständigkeit, nach Identität verselbständigt sich – und die Wegweisung Gottes, die der Eigenverwirklichung nicht selten verfremdend entgegenzustehen scheint, verblaßt*.

* Vgl. *A. Louf,* Demut und Gehorsam (Münsterschwarzach 1979).

Eine zweite Phase im Leben des Menschen, in der der Anruf Gottes „Zieh weg aus deinem Land ..." eine besondere Intensität bekommen kann, ist die Lebensmitte. Beispielhaft sagen uns das in ihrer Weise die deutschen Mystiker des Mittelalters. Johannes Tauler (1300–1361) ist sogar der Meinung, daß der Mensch erst mit der Lebensmitte den Auszug aus der Befangenheit des Eigenentwurfs machen könne: „Der Mensch tue, was er wolle, und fange an, wie er wolle, er kommt niemals zu wahrem Frieden, noch wird er dem *Wesen* nach ein Mensch des Himmels, bevor er an sein 40. Lebensjahr kommt. Bis dahin ist der Mensch mit so vielerlei beschäftigt, und die Natur treibt ihn hierhin und dorthin, und manches ist, was die Natur in ihm oft beherrscht, während man wähnt, es sei ganz und gar Gott; und er kann nicht zu wahrem, vollkommenem Frieden kommen noch ganz des Himmels werden vor jener Zeit ..."

Diese Überzeugung hängt zusammen mit der Lehre und Erfahrung der Mystiker, daß es im Menschen eine Tiefe gibt, einen Seelengrund, einen Ort intensivsten Selbstseins, der zum Wesensgrund wird; er ist die Nahtstelle zu Gott hin; er ist als innerste Kammer der „Seelenburg" der Ort, wo Gott in *mir,* in meiner unvertauschbaren Individualität wohnt und durch mich, durch mein Leben durchkommen will. Die Mystiker sprechen von der Gottesgeburt im Seelengrund des Menschen.

Aber nun gilt: „In den Seelengrund kann man nicht aus eigener Kraft gelangen, nicht durch asketische Anstrengungen und nicht durch vieles Beten. Nicht durch Tun, sondern nur durch *Lassen* kommt man in Berührung mit dem innersten Grund. In der ersten Lebenshälfte ist der Mensch jedoch zumeist auf sein eigenes Tun bedacht."*

Johannes Tauler meint, aus eigener Lebenserfahrung, daß der Mensch erst in der Lebensmitte zu diesem Lassen, zu diesem „Zieh weg aus deinem Land" bereit sein kann, zu einem Lassen, das zur „Hohlform" für das verwandelnde Gottesgeschenk werden kann.

In solcher Lebensstunde meldet sich – oft durch eine Lebenskrise hindurch – der Anruf zum Aufbruch aus dem Bisherigen: Statt des Weges nach außen, jetzt mehr der Weg nach innen, eine Zurückführung auf das Wesentliche. „Was die Jugend außen fand und finden sollte, soll der Mensch des Nachmittags innen finden" (C. G. Jung).

Aber auch hier gibt es Versuchungen, Gefährdungen, Fluchten.** „Zieh weg aus deinem Land" – man lenkt sich ab, dies zu hören, man läßt die Stille nicht aufkommen, in der der Ruf vernommen werden kann, man bleibt nicht bei sich selbst, sondern vertreibt die aufkommende gute Unruhe mit Aktivitäten nach außen hin (auch im religiösen Tun!). Man flieht in Betäubungen vielfältiger Art. Von fern melden sich schon die zwei Gefährdungen des Alters an: die Erstarrung oder die Auflösung.

Wenn C. G. Jung sagt: „Unter allen meinen Patienten jenseits der Lebensmitte, das heißt jenseits 35, ist nicht ein einziger, dessen endgültiges Problem nicht das der religiösen Einstellung wäre", so bedeutet das: „Zieh weg

* *A. Grün,* Lebensmitte als geistliche Aufgabe (Münsterschwarzach 1980) S. 12.
** Vgl. ebd.

aus deinem Land." Laß dich ein mit Gott, laß dich los auf Gott hin, denn die letzte Lebenswahrhaftigkeit gibt es nur vor Gott und mit Gott. Bleib nicht haften im Primat der Eigenstärke, sondern übe dich ein in die Gelassenheit auf Gott hin. Bei dem mittelalterlichen flämischen Mystiker Ruysbroek heißt das: „Gaet ute, hem te entmoete"; geh aus, ihm zu begegnen. Geh aus dem Eigenhaus deines Ich, halte dich selber nicht fest mit all den Tricks und Scheinkünsten deines Ich, sondern lasse dich los. „Von der Lebensmitte an bleibt nur der lebendig, der mit dem Leben (dem eigenen, festgehaltenen) sterben will" (C. G. Jung). „Zieh weg aus deinem Land ..."

Die Lebensmitte ist die Zeit, in der der Mensch eigentlich erst richtig anfangen kann zu verstehen, was das heißt, was ein alter, 1704 geschriebener Sinnspruch meint: „Dann hast du Ruh, wenn Gott in dir lebt ganz allein; wirkt deine Eigenheit, so mußt du ängstlich sein."

Die dritte Phase, in der der Ruf zum Aufbruch mit letzter Eindringlichkeit an den Menschen kommt, ist das Alter: „Zieh weg aus deinem Land ... in das Land, das ich dir zeigen werde!" – Laß los! Lasse dich fallen!

„Da zog Abraham weg ..."

Selig, von dem dies gesagt werden kann!

„Zieh weg aus deinem Land" – bekommt man es da nicht mit der Angst zu tun? Drei Kapitel weiter ist Gottes Zuspruch da: „Fürchte dich nicht, ich bin dein Schild!" (15, 1). Gott sieht die Angst Abrahams vor dem unüberschaubaren Weg. Und dann steht da Abrahams Antwort, des ersten Glaubenden, des Vaters des Glaubens. Diese Antwort hat den Klang der Jahrtausende: „Abraham glaubte dem Herrn, und der Herr rechnete es ihm als Gerechtigkeit an." Gott will sich als lebendiger

Schild um den Wanderer Abraham stellen, und Abraham „macht sich fest" in Gott. Das hebräische Wort für „glauben" heißt ‚he-emin': sich festmachen in Gott. Aus diesem he-emin stammt das Amen. (So verstehen wir das Wort eines gläubigen Rabbi: Wenn ich wüßte, daß ich *einmal* Amen gesagt hätte, so wie es sich gehört, hätte ich keine Angst mehr!)

Wenn der Aufbruch in der Weisung Gottes getan wird, wird er mich erfahren lassen, daß er mitgeht. Denn „nicht die Erfahrungen machen den Glauben und die Hoffnung, sondern der Glaube und die Hoffnung machen Erfahrungen und bringen den menschlichen Geist zu einem immer neuen, unruhigen Transzendieren seiner selbst" (Jürgen Moltmann).

Auf dem Wege kommen Zweifel auf. Das Vertrauen wird brüchig. „Sarai, Abrahams Frau, hatte ihm keine Kinder geboren" (16, 1). Das Warten auf die Erfüllung der Verheißung scheint vergebens. Abraham ist alt geworden. Da kommt die Versuchung auf, Gottes Verheißung zu hintergehen. Mit Hagar, der Magd, zeugt er den Sohn Ismael. Aber der ist nicht der Sohn der Verheißung. Da trifft ihn das Wort Gottes: „Ich bin Gott, der Allmächtige. Geh einher vor meinem Antlitz, sei ganz!" (17, 1). Der, der Gott im gespaltenen Vertrauen *hintergehen* wollte, wird auf den Weg *vor* Gott gerufen, ins Offene. „Sei ganz"; sei ungeteilt, sei rein, nicht zwiespältig, nicht doppelbödig! Laß dich ganz los im Vertrauen, sei lebenswahrhaftig! „Vor meinem Antlitz", nur vor meinem Antlitz und in der Kraft, die davon ausgeht, kannst du ganz sein! „Geh einher"; nicht das Einmalige des ersten Aufbruchs, sondern das durchhaltende „*wandle* vor meinem Antlitz".

Jesus, *der* Sohn Abrahams, hat es als einziger ganz getan, dieses „Geh einher vor meinem Antlitz, sei ganz!" Nur durch ihn können wir es leben.

Nur im durchhaltenden Blick auf ihn wird es uns gegeben. Das hat Petrus erfahren, als er aus dem Boot stieg und über das Wasser auf Jesus zuging. Solange er „ganz" blieb im Vertrauen auf Jesus, konnte er über Wasser gehen. Als sein Blick in der Angst um sich selbst sich teilte, versank er.

Dieses Wort Gottes verwandelt Abraham. Bisher hieß er Abram, jetzt (17, 5) fügt Gott seinem Namen das h ein, das auch im Gottesnamen steht.

Später auf dem großen Exodus des Volkes, wird ein anderer – Mose – wissen, daß der Glaubensweg nur unter dem Antlitz Gottes, des Mitgehenden, zu wagen ist: „Wenn dein Angesicht nicht mitgeht, dann führ uns lieber nicht von hier hinauf!" (Ex 33, 15).

„Glaube bedeutet Verzicht auf *eigene* Leistung, Eingeständnis der menschlichen Ohnmacht, Anerkenntnis, daß der Mensch sich nicht in sich und aus sich selbst helfen und seine Existenz und ihr Heil begründen kann. Damit wird der Glaube offen für etwas Anderes, Neues und Zukünftiges. Indem er nichts mehr von sich erwartet, erwartet er alles von Gott, bei dem alles möglich ist. Glaube bedeutet also, Gott-wirken-lassen, Gott-in-Aktion-treten-lassen ... Der Glaube ist gleichsam die *Hohlform* für das Da-sein der Herrschaft Gottes" (Walter Kasper, Jesus Christus).

„Zieh weg aus deinem Land": Fast immer erlebt der Mensch solchen Aufbruch, das Loslassen des Bisherigen auf eine erkannte Berufung hin, als Wagnis. Das Wagnis, das eigene Leben als Lot auszuwerfen, ohne zu wissen, in welche Tiefen es gerät. „Du *wagst* dein Ja – und erlebst einen Sinn. Du wiederholst dein Ja – und alles bekommt Sinn. Wenn alles Sinn hat, wie kannst du anderes leben als ein Ja?" (Dag Hammarskjöld). Aber auch das andere kann geschehen, daß der Weg in der Weisung Gottes zum „Gotterleiden" wird: „… und dich führen, wohin du nicht willst" (Joh 21, 18). Und doch wird dieser Weg der Berufung auch im Gotterleiden als tiefe Sinnhaftigkeit erfahren und bejaht. Diejenigen, die von dieser erlittenen Sinnerfahrung Zeugnis geben, tun dies am meisten in der Gestalt des Dankes. Die Gewißheit des Aufgehobenseins und der Freiheit erweckt diesen Dank. „Das Unerhörte – in Gottes Hand zu sein!" (Dag Hammarskjöld).

Ein Meditationswort sagt: „Nicht wissend den Weg, gehe ich den Weg, mit offenen Händen, mit offenen Händen!"

DIE FRAGEN

1. Wer es mit Gott zu tun bekommt, der wird auf einen Weg geschickt. Habe ich das in meinem Leben erfahren?

2. Wo muß ich aufbrechen, loslassen, wo muß ich mich ändern? (Was wird nach zehn Jahren sein, wenn ich mich nicht ändere?)

Der Aufbruch

Ich befahl, mein Pferd aus dem Stall zu holen. Der Diener verstand mich nicht. Ich ging selbst in den Stall, sattelte mein Pferd und bestieg es. In der Ferne hörte ich eine Trompete blasen, ich fragte ihn, was das bedeute. Er wußte nichts und hatte nichts gehört. Beim Tore hielt er mich auf und fragte: „Wohin reitest du, Herr?" – „Ich weiß es nicht", sagte ich, „nur weg von hier, nur weg von hier. Immerfort weg von hier, nur so kann ich mein Ziel erreichen." – „Du kennst also dein Ziel?" fragte er. „Ja", antwortete ich, „ich sagte es doch: ‚Weg von-hier', das ist mein Ziel." – „Du hast keinen Eßvorrat mit", sagte er. „Ich brauche keinen", sagte ich, „die Reise ist so lang, daß ich verhungern muß, wenn ich auf dem Weg nichts bekomme. Kein Eßvorrat kann mich retten. Es ist ja zum Glück eine wahrhaft ungeheuere Reise." (Franz Kafka, † 1924)

6

Wer es mit Gott zu tun bekommt, der wird von ihm im Elend gesehen

Hagar

Die Geschichte Hagars ist im Buch Genesis in zweifacher Gestalt überliefert. Der Jahwist berichtet sie im Kapitel 16, der Elohist im Kapitel 21. Beide Überlieferungen sind in das Gesamt des Buches hineinkomponiert, aber doch so, daß man ihre Verschiedenheit noch gut erkennen kann. In der älteren Darstellung des Jahwisten erfahren wir, daß Sara, die Frau Abrahams, kinderlos bleibt. Kinderlosigkeit bedeutet damals für eine Frau großes Leid. Da macht Sara ihrem Mann den Vorschlag: „Geh zu meiner Magd! Vielleicht komme ich durch sie zu einem Sohn" (16,2). Solcher Vorschlag liegt damals in der Rechtsordnung. Die aus solcher Verbindung hervorgegangenen Kinder können von der Frau des Mannes als die ihren anerkannt werden. Die ägyptische Sklavin Hagar wird schwanger. „Als sie merkte, daß sie schwanger war, verlor die Herrin bei ihr an Achtung" (V. 4). Abraham läßt es zu, daß Sara nun ihre Sklavin hart behandelt. Da flieht eines Tages Hagar in die Wüste. Und dann heißt es in 16,7–16:

7 Der Engel des Herrn fand Hagar an einer Quelle in der Wüste, an der Quelle auf dem Weg nach Schur. 8 Er sprach: Hagar, Magd Sarais, woher kommst du, und wohin gehst du? Sie antwortete: Ich bin meiner Herrin Sarai davongelaufen. 9 Da sprach der Engel des Herrn zu ihr: Geh zurück zu deiner Herrin, und ertrag ihre harte Behandlung! 10 Der Engel des Herrn sprach zu ihr: Deine Nachkommen will ich so zahlreich machen, daß man sie nicht zählen kann. 11 Weiter sprach der Engel des Herrn zu ihr: Du bist schwanger, du wirst einen Sohn gebären und ihn Ismael (Gott hört) nennen; denn der Herr hat auf dich gehört in deinem Leid.

[12]Er wird ein Mensch sein wie ein Wildesel.
Seine Hand gegen alle, die Hände aller gegen ihn!
Allen seinen Brüdern setzt er sich vors Gesicht.
[13]Da nannte sie den Herrn, der zu ihr gesprochen
hatte: El-Roï (Gott, der nach mir geschaut). Sie sagte näm-
lich: Habe ich hier nicht nach dem geschaut, der nach
mir schaut? [14]Darum nannte sie den Brunnen Beer-La-
hai-Roï (Brunnen des Lebendigen, der nach mir schaut).
Er liegt zwischen Kadesch und Bered.
Hagar gebar dem Abram einen Sohn, und Abram
nannte den Sohn, den ihm Hagar gebar, Ismael. [16]Abram
war sechsundachtzig Jahre alt, als Hagar ihm Ismael
gebar.

Der jüngere elohistische Text in 21,1–21 lautet so:

[1]„Der Herr nahm sich Saras an, wie er gesagt hatte, und er
tat Sara so, wie er versprochen hatte. [2]Sara wurde
schwanger und gebar dem Abraham noch in seinem
Alter einen Sohn zu der Zeit, die Gott angegeben hatte.
[3]Abraham nannte den Sohn, den ihm Sara gebar, Isaak.
[4]Als sein Sohn Isaak acht Tage alt war, beschnitt ihn Ab-
raham, wie Gott ihm befohlen hatte. [5]Abraham war hun-
dert Jahre alt, als sein Sohn Isaak zur Welt kam. [6]Sara
aber sagte: Gott ließ mich lachen; jeder, der davon hört,
wird mit mir lachen. [7]Wer, sagte sie, hätte Abraham zu
sagen gewagt, Sara werde noch Kinder stillen? Und nun
habe ich ihm noch in seinem Alter einen Sohn geboren.
[8]Das Kind wuchs heran und wurde entwöhnt. Als Isaak
entwöhnt wurde, veranstaltete Abraham ein großes Fest-
mahl.
[9]Eines Tages beobachtete Sara, wie der Sohn, den die
Ägypterin Hagar Abraham geboren hatte, umhertollte.

[10]*Da sagte sie zu Abraham: Verstoß diese Magd und ih-*
ren Sohn! Denn der Sohn dieser Magd soll nicht zusam-
men mit meinem Sohn Isaak Erbe sein. [11]*Dieses Wort*
verdroß Abraham sehr, denn es ging doch um seinen
Sohn. [12]*Gott sprach aber zu Abraham: Sei wegen des*
Knaben und deiner Magd nicht verdrossen! Hör auf alles,
was dir Sara sagt! Denn nach Isaak sollen deine Nach-
kommen benannt werden. [13]*Aber auch den Sohn der*
Magd will ich zu einem großen Volk machen, weil auch
er dein Nachkomme ist. [14]*Am Morgen stand Abraham*
auf, nahm Brot und einen Schlauch mit Wasser, übergab
beides Hagar, legte es ihr auf die Schulter, übergab ihr das
Kind und entließ sie. Sie zog fort und irrte in der Wüste
von Beerscheba umher. [15]*Als das Wasser im Schlauch zu*
Ende war, warf sie das Kind unter einen Strauch, [16]*ging*
weg und setzte sich in der Nähe hin, etwa einen Bogen-
schuß weit entfernt; denn sie sagte: Ich kann nicht mit
ansehen, wie das Kind stirbt. Sie saß in der Nähe und
weinte laut. [17]*Gott hörte den Knaben schreien; da rief der*
Engel Gottes vom Himmel her Hagar zu und sprach: Was
hast du, Hagar? Fürchte dich nicht, Gott hat den Knaben
dort schreien gehört, wo er liegt. [18]*Steh auf, nimm den*
Knaben, und halt ihn fest an deiner Hand; denn zu ei-
nem großen Volk will ich ihn machen. [19]*Gott öffnete ihr*
die Augen, und sie erblickte einen Brunnen. Sie ging hin,
füllte den Schlauch mit Wasser und gab dem Knaben zu
trinken. [20]*Gott war mit dem Knaben. Er wuchs heran,*
ließ sich in der Wüste nieder und wurde ein Bogen-
schütze. [21]*Er ließ sich in der Wüste Paran nieder, und*
seine Mutter nahm ihm eine Frau aus Ägypten.“

Ismaels Nachkommen sind die Araber der Wüste. Isaaks Nachkommen sind die Israeliten. Die Berichte sollen die Verwandtschaftsbeziehung zwischen beiden Völkern dartun.

Man könnte darüber nachdenken, welche Stellung damals die Frau in der Ehe hatte. „Sara zeigt hier eine erstaunliche Eigeninitiative, die auf eine herausragende Stellung als Hauptfrau eines reichen Herdenbesitzers hinweist" (Maria-Sibylla Heister, Frauen in der biblischen Glaubensgeschichte, Göttingen 1984). Gott sagt zu Abraham: „Hör auf alles, was dir Sara sagt!" (21, 12). Dieser Bericht scheint nicht aus dem Geist des Patriarchats zu kommen. „Das Patriarchat erwächst nicht aus dem Jahweglauben; es reicht, wie neuere religionsgeschichtliche Forschungen beweisen, in die vorbiblische Zeit zurück. Es ist mit der Befreiungstat Jahwes im Exodusgeschehen, die die Mitte der Heilsgeschichte Gottes mit seinem Volk darstellt, schwer in Einklang zu bringen" (Maria-Sibylla Heister).

Unser Blick richtet sich auf jene Stellen in beiden Berichten, in denen – zumindest für das Denken der damaligen Zeit – etwas Erstaunliches geschieht: Gottesoffenbarung an eine ägyptische Sklavin!

Zunächst: Wenn da vom „Engel des Herrn" die Rede ist, so ist dies hier zu verstehen als eine Sichtbarwerdung Gottes.

Hagar, die diese Gottesoffenbarung erfährt, ist nicht eine von den Großen, sie ist eine Geringe, Außenseiterin, Ausgestoßene: Und Gott sieht! Dieses Wort sagt: Der Gott der Offenbarung sieht die, die „draußen" sind. Die im Elend sind.

Und Gott sieht nicht wie „von oben herab". Später

wird Gott in der großen Offenbarung aus dem brennenden Dornbusch zu Mose sagen: „Ich habe das Elend meines Volkes in Ägypten gesehen, und ihre laute Klage über ihre Antreiber habe ich gehört. Ich kenne ihr Leid" (Ex 3,7).

Einmal wird der Sohn Gottes selber „draußen" sein, vor den Toren der Stadt, ein Geächteter, aller Menschenwürde beraubt, zwischen Verbrechern, am Schandpfahl. Und Gott sieht! Ostern ist *das* Siegel darauf!

Hagar, die ägyptische Sklavin, ist die erste in der Bibel, die einen Namen für Gott findet: Gott des Sehens! Der Lebendige-mich-Sehende! Die, die „draußen" sind, die „Außenseiter" finden den neuen Namen für Gott! Sie erfahren Gott wie zum ersten Mal! „O du Sehensgott!"

Zweifel können in uns aufsteigen: Ist es denn wirklich so, daß Gott die Menschen im Elend sieht? Spricht nicht oft der Augenschein dagegen? Wendet sich denn das Elend?

Das Kreuz und Ostern sind die letzte Antwort! –

Ich bekam die Anzeige einer Geburt. Auf der linken Seite der gedruckten Anzeige stand: „Wir freuen uns über die Geburt unseres vierten Kindes Felix." Auf der rechten Seite stand: „Leben schenkend starb meine Frau Elisabeth." Einen Tag nach der Geburt des Kindes war die Mutter gestorben. In dem begleitenden Brief schrieb mir der Mann: „Meine Frau hat gewünscht, daß unser Sohn Felix in der Osternacht getauft werde. Die Hoffnung auf unsere Auferstehung, die uns der Gekreuzigte durch seine Auferstehung geschenkt hat, ist nicht nur Trost, sondern auch Quelle übergroßer Freude. Nie habe ich Gottes Liebe näher gespürt als vom Augenblick der Sorge an um das Leben meiner Frau."

So gibt es also dies: daß Gott im tiefsten Leid *im Herzen* des Menschen Auferstehung erfahren läßt.

DIE FRAGEN

1. Kenne ich in meinem Leben die Erfahrung von „Auferstehung"?
2. Gott sieht die, die im Elend sind. Mein Sehen?

7

Wer es mit Gott zu tun bekommt,
der wird
in der Wüste von ihm gestärkt

Elija

Im Bericht von der Verklärung Jesu heißt es im Markusevangelium: „Da erschien vor ihren Augen Elija und mit ihm Mose, und sie redeten mit Jesus" (9, 4). Elija gilt als Vor-läufer des Messias. Hier wird die Bedeutung des Propheten Elija in der Überlieferung offenbar.

Elija lebte im 9. Jahrhundert. In der Regierungszeit des Königs Ahab (873–853), der mit der heidnischen Phönizierin Isebel verheiratet war, breitete sich der Baalskult im Nordreich weiter aus. Die rauschhaften Fruchtbarkeitskulte zogen das Volk stärker an als der nüchterne, bildlose Jahweglaube. In fast verzweifelten und leidenschaftlichen Anstrengungen bemühte sich Elija, den reinen Jahweglauben wieder zu erwecken. Eine große Dürre, die über das Land kam, erkannte er als Gottesgericht. Als er vor allem Volk auf dem Karmel in einem großen Gottesurteil die Baalspriester ihrer Nichtigkeit überführt hatte, machte das aufgebrachte Volk auf Elijas Geheiß die Götzenpriester nieder.

Nun stürzt, als wäre ein Durchbruch geschehen, nach jahrelanger Dürre der Regen in gewaltigem Rauschen herab. König Ahab hatte auf Elijas Anweisung seinen Wagen anspannen lassen; aus dem von jagenden Wolken finsteren Himmel stürzt der Regen herab: „Da kam über Elija die Hand des Herrn. Er gürtete sich und lief vor Ahab her bis dorthin, wo der Weg nach Jesreel abzweigt" (1 Kön 18, 46). In ekstatischem Lauf, wie über sich hinausgehoben, läuft Elija den ganzen weiten Weg vor dem Königswagen her.

Aber Elija hat den tödlichen Haß der Königin Isebel auf sich gezogen. Da setzt unser Bericht im 19. Kapitel ein. Nach dem großen Gottesurteil auf dem Karmel, nach dem ekstatischen Lauf vor dem Königswagen, nach dieser äußersten Anspannung kommt jetzt ein totaler Zusammenbruch

19 1 Ahab erzählte Isebel alles, was Elija getan, auch daß er
alle Propheten mit dem Schwert getötet habe. 2 Sie
schickte einen Boten zu Elija und ließ ihm sagen: Die
Götter sollen mir dies und das antun, wenn ich morgen
um diese Zeit dein Leben nicht dem Leben eines jeden
von ihnen gleich mache. 3 Elija geriet in Angst, machte
sich auf und ging weg, um sein Leben zu retten. Er kam
nach Beerscheba in Juda und ließ dort seinen Diener zu-
rück. 4 Er selbst ging eine Tagereise weit in die Wüste hin-
ein. Dort setzte er sich unter einen Ginsterstrauch und
wünschte sich den Tod. Er sagte: Nun ist es genug, Herr.
Nimm mein Leben; denn ich bin nicht besser als meine
Väter. 5 Dann legte er sich unter den Ginsterstrauch und
schlief ein. Doch ein Engel rührte ihn an und sprach: Steh
auf und iß! 6 Als er um sich blickte, sah er neben seinem
Kopf Brot, das in glühender Asche gebacken war, und ei-
nen Krug mit Wasser. Er aß und trank und legte sich wie-
der hin. 7 Doch der Engel des Herrn kam zum zweiten-
mal, rührte ihn an und sprach: Steh auf und iß! Sonst ist
der Weg zu weit für dich. 8 Da stand er auf, aß und trank
und wanderte, durch diese Speise gestärkt, vierzig Tage
und vierzig Nächte bis zum Gottesberg Horeb. 9 Dort ging
er in eine Höhle, um darin zu übernachten. Doch das
Wort des Herrn erging an ihn: Was willst du hier, Elija?
10 Er sagte: Mit leidenschaftlichem Eifer bin ich für den
Herrn, den Gott der Heere, eingetreten, weil die Israeliten
deinen Bund verlassen, deine Altäre zerstört und deine
Propheten mit dem Schwert getötet haben. Ich allein bin
übriggeblieben, und nun trachten sie auch mir nach dem

Leben. 11 Der Herr antwortete: Komm heraus, und stell
dich auf den Berg vor den Herrn! Da zog der Herr vorüber:
Ein starker, heftiger Sturm, der die Berge zerriß und die
Felsen zerbrach, ging dem Herrn voraus. Doch der Herr
war nicht im Sturm. Nach dem Sturm kam ein Erdbeben.
Doch der Herr war nicht im Erdbeben. 12 Nach dem Beben
kam ein Feuer. Doch der Herr war nicht im Feuer. Nach
dem Feuer kam ein sanftes, leises Säuseln. 13 Als Elija es
hörte, hüllte er sein Gesicht in den Mantel, trat hinaus
und stellte sich an den Eingang der Höhle.

Da vernahm er eine Stimme, die ihm zurief: Was willst
du hier, Elija? 14 Er antwortete: Mit Leidenschaft bin ich
für den Herrn, den Gott der Heere, eingetreten, weil die
Israeliten deinen Bund verlassen, deine Altäre zerstört
und deine Propheten mit dem Schwert getötet haben. Ich
allein bin übriggeblieben, und nun trachten sie auch mir
nach dem Leben. 15 Der Herr antwortete ihm: Geh deinen
Weg durch die Wüste zurück, und begib dich nach Da-
maskus! Bist du dort angekommen, salbe Hasaël zum Kö-
nig über Aram! 16 Jehu, den Sohn Nimschis, sollst du zum
König von Israel salben, und Elischa, den Sohn Schafats
aus Abel-Mehola, salbe zum Propheten an deiner Stelle.

Auf der Flucht vor der Lebensbedrohung kommt Elija nur eine Tagereise in die Wüste hinein. Dann bricht er in tiefer Depression zusammen. Vorher hat er den Diener zurückgelassen, er will allein sein. Keine Verbundenheit mehr. Es ist, als wolle er den Lebensfaden abschneiden. Es geht bis an die Grenze der Lebensverweigerung: schlafen und nicht mehr erwachen – „und wünschte sich den Tod". Die Regression läßt ihn in ein tiefes Loch fallen. Er ist am Ende. Die starke Gotteserfahrung auf dem Karmel schlägt um in eine bodenlose Resignation.

Manchmal geschieht es, daß gerade Menschen, die in besonderer Weise in die Nähe und in den Auftrag Gottes gerufen sind, von dieser äußersten Anfechtung der „Überforderung" überfallen werden. „Weh mir, Mutter, daß du mich geboren hast", klagt Jeremia (15,10). Und zu Gott hin: „Von deiner Hand gepackt, sitze ich einsam" (15,17). Auch Paulus weiß davon: „Wir wollen euch die Not nicht verschweigen, Brüder, die ... über uns kam und uns über alles Maß bedrückte; unsere Kraft war erschöpft, so sehr, daß wir am Leben verzweifelten" (2 Kor 1,8).

Aber da ist, am Rande der Verzweiflung, etwas, das wie ein Ansatzpunkt für die unerwartete Rettung sein kann. Bevor Elija sich dem todesähnlichen Schlaf überläßt, sind noch ein letztes Du-sagen da und ein Bekenntnis der Schuld, in welchem er nicht andere anklagt, sondern sich selbst mit seiner Schwäche Gott stellt: „Nun ist es genug, Herr. Nimm mein Leben; denn ich bin nicht besser als meine Väter" (V. 4). Die Verzweiflung ist nicht *letzte* Beziehungslosigkeit; er sagt: „Herr!" So war er mit einem letzten, fast hoffnungslosen Du in den Schlaf gefallen. So war der Schlaf doch eine unbeholfene Weise des Sich-Lassens. Und so konnte in die letzte Armut, in die Leere der Keim des Lebens geschenkt werden, konnte die Lebensstimme durchkommen; so konnte der Schlaf zur Wende werden, konnte der Engel ankommen. „Er gibt sich auf – und fällt in die Hände seines ihn rettenden und stärkenden Gottes" (E. Zenger).

„Doch ein Engel rührte ihn an und sprach: Steh auf und iß!" Gott beugt sich gern über den Menschen letzter

Armseligkeit. Aber die Lähmung ist tief. Elija fällt nach der ersten Stärkung wieder in den bleiernen Schlaf zurück. Doch Gottes Erbarmen ist geduldig: „Doch der Engel des Herrn kam zum zweitenmal ..." Gott gibt den Sich-Aufgebenden nicht auf.

Zweimal: „Steh auf!" Anruf der Auferstehung zum Leben!

„Da stand er auf, aß und trak und wanderte, durch diese Speise gestärkt, vierzig Tage und vierzig Nächte bis zum Gottesberg Horeb." Die heiligen vierzig Tage, die Mose auf dem Gottesberg blieb (Ex 24, 18) und die heiligen vierzig Tage, die Jesus in der Wüste blieb.

„Dort ging er in eine Höhle, um darin zu übernachten." Wieder der Ort der Regression – und zugleich der Geborgenheit. Solche Höhle braucht der Mensch. Die Höhle wird Mutterschoß, aus dem neues Leben kommt. Nacht, aus der der Tag aufsteigt. Wo die Ohnmacht des Menschen tief ist, wird sie zur Hohlform für Gottes Nahen. „Geheimnisvolle Höhle, Gott, in der wir immer schon wohnten, und wußten es nicht!" (Hilde Domin). Der Weg in die Höhle – ist es der Weg nach innen, den der Mensch gehen muß, um zu sich selbst zu kommen und anwesend zu werden für Gott? „Nach innen geht der geheimnisvolle Weg" (Novalis).

Und schon findet ihn Gott. „Was willst du hier, Elija?" Zweimal (s. V. 13b) wird diese Frage gestellt. Es ist das beunruhigende und barmherzige Fragen Gottes. Wenn Gott fragt („Adam, wo bist du?" „Kain, wo ist dein Bruder?"), dann will Gott nicht eine Information, sondern er will den Menschen zu sich selbst führen, zu dem, was es jetzt mit ihm ist!

Die Höhle ist für Elija der Ort, wo diese Frage ihn erreicht. Braucht der Mensch immer wieder solche „Höhle", damit die Frage in ihm aufkommen kann: Was willst du hier? Um zu sich selbst zu kommen? Um in jene gute Distanz zu sich selbst zu kommen, in der diese Frage aufsteigen kann?

Die Frage hat ihn erweckt. Das Leben erwacht in ihm. Noch ungeläutert, aber schon in einer gewissen Heftigkeit – zweimal stößt er die Klage und Anklage heraus! – „mit leidenschaftlichem Eifer", so sagt er, und das Wort läßt in ihm die Leidenschaft wieder wach werden; wie gesagt: noch ungeläutert kommt die Klage und Anklage – „Ich allein bin übriggeblieben" (auch das zweimal!) –: als ob Gottes Werk mit seinem, Elijas, Scheitern ans Ende gekommen sei! Aber er sieht doch den tiefen Zusammenhang seines Schicksals mit der Berufung seines Volkes. Nicht Isebel wird genannt als Ursache seines Prophetenelends, sondern der Abfall des Volkes. Die Nähe des Horeb, wo der Bund mit Gott begann, drängt ihn, diesen Zusammenhang zu erkennen.

Indem Elija zu Gott hin sein Schicksal ausspricht, erfährt er, was der Psalm 119 sagt: „Ich habe dir mein Geschick erzählt, und du erhörtest mich" (V. 26). Die Erhörung geschieht in unerwarteter Gestalt. In der Gestalt einer Wesensoffenbarung Gottes, die zur eigentlichen Stärkung des Propheten wird.

„Da zog der Herr vorüber": Vorübergang des Herrn! Zeichen des Heils wie einst in Ägypten. Gericht *und* Rettung.

Elija wird in einen unerhörten Lernprozeß genommen, er muß lernen, wer Gott ist, wie Gott handelt. Elija muß „das sanfte Gesetz" (Stifter) lernen. Er erfährt die Stille Gottes. Den Gott, der auf Gewalt verzichtet, der in die Ohnmacht geht: „Stimme eines verschwebenden Schweigens" (Martin Buber). Gott ist die Allmacht. Er ist auch der Gott, dessen Stimme die Eichen emporwirbeln kann (Ps 29). Er hatte sich an diesem Berg einst Mose gezeigt als Feuer: „Die Erscheinung der Herrlichkeit des Herrn auf dem Gipfel des Berges zeigte sich vor den Augen der Israeliten wie verzehrendes Feuer" (Ex 24,17). Aber er hat beschlossen, seine Allmacht zur wehrlosen Liebe werden zu lassen. Er will als wehrlose Liebe der Rettende sein. Gertrud Fussenegger schreibt in ihrem Roman „Sie waren Zeitgenossen", wie einem Menschen zur Zeit Jesu plötzlich an der Gestalt Jesu aufgeht: „Ein Gott, der darauf verzichtet, sich in Donner, Blitz und alle Gewalt zu kleiden? Ein Gott, der sich herabläßt, im leisen Wind, im sanften Hauch zu wohnen: Er will in der Unscheinbarkeit erkannt sein oder unerkannt bleiben – so liefert er sich den Menschen aus." Gottes Allmacht läuft gleichsam wie aus einem Gefäß aus, sich verströmend in die Gestalt der wehrlosen Liebe.

Josef Scharbert schreibt: „Man wird nicht fehlgehen, wenn man aus dieser Erzählung eine Kritik am bisherigen Auftreten des Propheten heraushört. Nicht die polternde Gerichtspredigt, nicht das leidenschaftliche Aufputschen der Volksstimmung gegen die Vertreter fremder Religionen, nicht die Verfluchung der Feinde Gottes sind Elija aufgetragen, sondern der beharrliche Dienst und das in der Stille zu vollziehende Gebet für sein Volk, das werbende Ringen um die Seelen seiner Glaubens- und Volksgenossen und das überzeugende Beispiel eines Lebens in der Gemeinschaft mit Gott. Das hat Elija am Horeb erfahren, und er hat aus der Begegnung mit Gott seine innere Ruhe, seinen seelischen Frieden wiedergefunden" (in: Christ in der Gegenwart, Nr. 32, 1981).

Johannes Tauler, der Mystiker des Mittelalters, sagt in einer Predigt: „Gott kann donnern und stürmen, aber er neigt sich dem Menschen, der in der Wüste auf ihn wartet, *zärtlich* zu."

Elija hat etwas von dem „Arkanum" des Glaubens lernen dürfen: Schweigen ist mehr! Sterben ist Leben. Verlust wird Gewinn.

„Stimme der feinen Stille": darin wird Gott erfahren. Ist es künftighin die Stille des prophetischen *Wortes?* Geschieht künftige Theophanie in der Liebesstille des Wortes? (Eucharistie!)

„Da hüllte Elija sein Gesicht in den Mantel", seinen Prophetenmantel: große Gebärde der Ehrfurcht *und* der Erkenntnis!

Nun ist Elija gestärkt. Es geschieht: die Nähe der wehrlosen Liebe wird die eigentliche Stärkung! Das Sicheinlassen auf *diesen* Gott wird zur inneren Kraft! Verwandelt. Neu geworden. Nun kann er vom innersten Wesen her aufleben *und gehen!* Die Sendung beginnt neu. „Geh!" sagt Gott zu ihm. „Der politische Auftrag des Propheten wird erneuert ... Gott ist die äußerste Regression, die der Mensch erfahren kann, noch über Schlaf und Todeswunsch hinaus bis in den ‚Schoß aller Dinge', aber er ist zugleich der äußerste Progreß, der sein Reich bis ans Ende der Welt aufrichtet" (D. Sölle).

Im Zusammenbruch des Ego, im Eingeständnis der letzten Schwachheit erfährt Elija das Geschenk des neuen Anfangs, findet er Gottes Trost.

Der Mystiker Jan van Ruysbroek († 1381) sagt: „*Mitten in der Nacht,* da man es am wenigsten ahnt und vermutet, ertönt ein geistlicher Ruf in der Seele: Seht, der Bräutigam kommt, geht aus, ihm zu begegnen!" („In midden der nacht, dat es als men minst moeyt ende waent, soe wert een gheestelijc gheroep ghemaect in der zielen: Siet, die brudegom comt, gaet ute hem te ontmoete").

Statt Nacht könnten wir auch sagen: Wüste. Sie ist der Ort der äußersten Prüfung, der Ort der Todesnähe, aber auch der Ort der ersten Liebe. Sie ist der Ort des *Wesentlichen!* Wo der Anruf des Wesens vernommen werden kann, weil nichts anderes mehr da ist; Ort der letzten Lebenswahrhaftigkeit. Äußerste Grenzsituation des Menschen. Hier kann das Loslassenmüssen zur Verzweiflung werden, aber auch zur Hohlform für Gott. Zur Chance, ganz an den Anfang, an den Ursprung zu kommen, in letzter Nacktheit.

Am Ende wird Elija zurückschauend das erkennen, was in Dtn 1,31 in einem wunderbaren Wort gesagt wird: „In der Wüste hat der Herr, dein Gott, dich auf dem ganzen Weg getragen, wie ein Vater seinen Sohn trägt." – Würde uns doch diese Erkenntnis immer geschenkt bleiben!

DIE FRAGEN

1. Kenne ich Resignation in meinem Lebensauftrag, auf meinem Glaubensweg?
2. Was ist in meiner Lebenserfahrung „Wüste"?
3. Was ist für meine Lebenserfahrung „Höhle"?

4. Habe ich schon die Frage Gottes gehört: „Was willst du hier?"

5. Was *nährt* mich in solchen Elija-Situationen? Was hilft mir, wieder aufzukommen?

6. „Ein Engel rührte ihn an ...": Gott gibt uns Zeichen. Habe ich Sinn für ein „Zeichen am Weg"? Ruysbroek: „Manche innige Menschen (Menschen auf dem inneren Weg) werden durch ihren Engel oder durch andere Engel *im Traum* belehrt über manche Dinge, die ihnen nötig sind" (Selke innighe menschen werden ghelehret overmids haren inghel ochte overmids andere inghelen, *in drome,* van menigherende dinghen die hem noet es").

7. Mein Gottesbild – angesichts der Gottesoffenbarung am Horeb?

8

Wer es mit Gott zu tun bekommt,
der steht
in seinem Gedenken

Jeremia

Jeremia hat ein leidvolles Leben gelebt, erfüllt von Tragik. Er ist mit hineingerissen worden in den Untergang des davidischen Reiches, den abzuwenden sein vergebliches prophetisches Bemühen war. Schwer hat er an seinem prophetischen Auftrag getragen. Wie kein anderer Prophet hat er sein eigenes menschliches Schicksal ausgesagt. Wie kein anderer Prophet hat er unter der Spannung gelitten zwischen seinem Auftrag, der ihn radikal in Anspruch nahm, und der persönlichen Sehnsucht nach eigenem Leben und seinem Glücksverlangen. Wie schwer die Last seiner ihm von Gott auferlegten Unheilsbotschaft für ihn war, wird an dem Unerhörten erkennbar, daß ihm sogar die Fürbitte für sein Volk verboten wird: „Du aber, bete nicht für dieses Volk! Fang nicht an, für sie zu flehen und zu bitten! Dränge mich nicht! Denn ich werde dich nicht erhören", so bedroht Gott ihn (7, 16). Dreimal (11, 14 und 14, 11) wird dieses Verbot ihm zugesprochen!

Jeremia ist um 650 in Anatot bei Jerusalem geboren als Sohn eines Priesters. Seine Berufung kam über ihn, als er etwa 23 Jahre alt war. Um seines prophetischen Auftrags willen sollte er unverheiratet bleiben: „Das Wort des Herrn erging an mich: Du sollst dir keine Frau nehmen und weder Söhne noch Töchter haben" (16, 1–2).

Artur Weiser schreibt in der Einleitung zu seinem Jeremia-Kommentar: „Schon am Anfang der Regierung Jojakims zeichnen sich die Schatten der schweren Kämpfe und Nöte ab, in die ihn die Erfüllung seines göttlichen Auftrags hineinführen sollte. Als er in prophetisch-symbolischer Handlung auf Gottes Geheiß einen Krug zerschmetterte zum Zeichen, daß Jerusalem wegen seines Götzendienstes in Trümmer geschlagen werde, wurde er von dem Oberaufseher der Tempelpolizei verhaftet, ausgepeitscht und für eine Nacht in den Marterblock gelegt. Der gemarterte Prophet kündet am nächsten Morgen mit ungebrochenem Mut seinem Peiniger, was Gott ihm befiehlt. Aber die Feindschaft der Priester und ihrer Anhänger geht weiter; ihr tödlicher Haß gegen den Propheten ruht nicht. Es gelingt ihnen schließlich, sein Auftreten im Tempel durch ein Verbot zu unterbinden; durch Spitzel und heimliche Anschläge suchen sie ihn in ihre Gewalt zu bringen, um Rache an ihm nehmen zu können. Mit Schrecken muß Jeremia eines Tages feststellen, daß sogar in seiner eigenen Familie ein geheimer Mordplan gegen ihn ausgeheckt wird. Zu alledem hatte er sich auch den jungen König durch mannhaftes und scharfes Urteil über dessen hochmütige Prunksucht, brutalen Egoismus und despotisch grausame Gewaltpolitik zum erbitterten Gegner gemacht ... Von seinen Feinden umlauert und verfolgt, vom Volk gemieden, ausgeschlossen von den Freuden des Lebens, unter dem lähmenden Eindruck der Erfolglosigkeit seiner Predigt, die ihm nur Hohn und Spott einbringt, macht der einsam gewordene Prophet ... ein seelisches Martyrium durch, das ihn an den Rand der Verzweiflung bringt. Die in ihrer Offenheit erschütternden Selbstbekenntnisse seiner inneren Nöte und auch die Rachegebete, die vermutlich in dieser Zeit entstanden ..., zeigen den Menschen Jeremia in der ganzen Tragik seines Prophetenberufs ..."

Der Höhepunkt seines prophetischen Wirkens wird zugleich zum Tiefpunkt seines Leidens. Als unter dem König Zidkija die Unheilsverkündigung des Jeremia sich verdichtet und im belagerten Jerusalem die Ratgeber des Königs immer noch den Pseudopropheten ihr Ohr leihen, bricht es über Jeremia herein: Er wird in eine verschlammte Zisterne des Schloßhofs geworfen, und nur die Menschlichkeit eines ausländischen Palastdieners rettet ihn vor dem Tod (38, 7 ff). Nach eineinhalbjähriger Belagerung fällt Jerusalem. Die überlebenden Bewohner werden in die Gefangenschaft nach Babylon geführt. Das davidische Reich und Königtum, das 400 Jahre bestanden hatte, war auf schreckliche Weise zu Ende gegangen.

Der babylonische Oberkommandierende läßt in Rama Jeremia aus dem Zug der Gefangenen herausholen und gibt ihm die Erlaubnis, im Land zu bleiben. Aber er sollte nicht zur Ruhe kommen. Er wird einige Zeit später von aufständischen Führern des Volkes, das im Umfeld Jerusalems zurückbleiben konnte, auf der Flucht nach Ägypten mitverschleppt. Sein Lebensende in Ägypten liegt im Dunkel. – Ist Jeremia in seinem Schicksal ein Verwandter des „Gottesknechtes"?

Bewegend ist, daß Jeremia, der Unheilsprophet, der nach außen hin total Gescheiterte, *der große Einsame,* der im Schlamm der Zisterne Versinkende, wie kein anderer die Vision vom Neuen Bund, vom kommenden Zion, verkündet hat: das Bild von Braut und Bräutigam, von der Jungfrau Israel, der sich Jahwe vermählt hat, 31, 3–13:

3 *Aus der Ferne ist ihm der Herr erschienen:*
Mit ewiger Liebe habe ich dich geliebt,
darum habe ich dir so lange die Treue bewahrt.
4 *Ich baue dich wieder auf,*
du sollst neu gebaut werden, Jungfrau Israel.
Du sollst dich wieder schmücken mit deinen Pauken,
sollst ausziehen im Reigen der Fröhlichen.

5 *Wieder sollst du Weingärten pflanzen*
auf Samarias Bergen.
Wer Pflanzungen anlegt,
darf ihre Früchte genießen.
6 *Denn es kommt der Tag,*
da rufen die Wächter auf Efraims Bergland:
Auf, laßt uns hinaufpilgern nach Zion
zum Herrn, unserem Gott.
7 *Ja, so spricht der Herr:*
Jubelt Jakob voll Freude zu,
und jauchzt über das Haupt der Völker!
Verkündet, lobsingt und sagt:
Der Herr hat sein Volk gerettet,
den Rest Israels.
8 *Seht, ich bringe sie heim aus dem Nordland*
und sammle sie von den Enden der Erde,
darunter Blinde und Lahme,
Schwangere und Wöchnerinnen;
als große Gemeinde kehren sie hierher zurück.
9 *Weinend kommen sie,*
und tröstend geleite ich sie.
Ich führe sie an wasserführende Bäche,
auf einen ebenen Weg, wo sie nicht straucheln.
Denn ich bin Israels Vater,
und Efraim ist mein erstgeborener Sohn.
10 *Hört, ihr Völker, das Wort des Herrn,*
verkündet es auf den fernsten Inseln und sagt:
Er, der Israel zerstreut hat, wird es auch sammeln
und hüten wie ein Hirt seine Herde.
11 *Denn der Herr wird Jakob erlösen*
und ihn befreien aus der Hand des Stärkeren.
12 *Sie kommen und jubeln auf Zions Höhe,*

sie strahlen vor Freude über die Gaben des Herrn,
über Korn, Wein und Öl, über Lämmer und Rinder.
Sie werden wie ein bewässerter Garten sein
und nie mehr verschmachten.
13 *Dann freut sich das Mädchen beim Reigentanz,*
jung und alt sind fröhlich.
Ich verwandle ihre Trauer in Jubel,
tröste und erfreue sie nach ihrem Kummer.

Vor diesem Hintergrund hören wir den Spruch Gottes, in welchem wir erfahren: Wer es mit Gott zu tun bekommt, steht in seinem Gedenken.

„SEINE Rede geschah zu mir, es sprach:
Geh,
rufe in die Ohren Jerusalems, sprich:
So hat ER gesprochen:
Ich gedenke dir
die Huld deiner Jugend,
die Liebe deiner Brautschaft,
da du mir nach durch die Wüste gingst,
durch ein Land, das nie besät wird:
geheiligt ist Jisrael IHM
sein Anfangsteil von der Ernte."
(Jer 2, 1–3a; Übersetzung M. Buber)

Wir wissen heute, daß diese Worte zum ältesten Bestand in der Jeremia-Verkündigung gehören. Das Wort richtet sich an Jerusalem, aber Jerusalm ist gleichsam die Zusammenfassung des Gottesvolkes. Ist es auch an uns gerichtet? Wenn es auch an uns gerichtet ist, dann hat es für uns eine unerhörte Bedeutung. Es gibt gewiß in der Schrift Worte, die nur damals ihre besondere Aktualität hatten, gerichtet an bestimmte Menschen in bestimmter Situation. Gewiß ist die Schrift nicht überall von gleicher Intensität. Abe es gibt in der Schrift Worte, an denen wir unvermittelt erkennen, daß es Wesensworte sind, in denen wir mit einer starken Glaubens- und Lebensbedeutung angesprochen sind.

Dieses Wort bei Jeremia ist ein solches Wort. Über seine damals historisch-aktuelle Bedeutung hinaus bleibt es lebendiges Offenbarungswort, das uns meint. Daß es von sehr großer Bedeutung sein muß, erkennen wir an der Einleitung: Sechs Einleitungsworte gehen der Botschaft voraus! Ohne Zweifel ist dieses Wort zuerst an Israel gerichtet, in einer bestimmten geschichtlichen Situation vom Propheten als Gotteswort zugesprochen. Aber diese „Liebeserklärung" Gottes gehört zum Wesensbestandteil alttestamentlicher Prophetenbotschaft an das Bundesvolk. Hundert Jahre vor Jeremia hatte der Prophet Hosea im Bildwort der Brautschaft und des Ehebundes das Verhältnis Jahwes zu seinem Volk ausgesagt. Da heißt es:

„Darum will ich selbst sie verlocken.
Ich will sie in die Wüste hinausführen
und sie umwerben ...
Sie wird mir dorthin bereitwillig folgen
wie in den Tagen ihrer Jugend,
wie damals, als sie aus Ägypten heraufzog."
(Hos 2,16.17b)

Und:

„Ich traue dich mir an auf ewig;
ich traue dich mir an
um den Brautpreis von Gerechtigkeit und Recht,
von Liebe und Erbarmen,
ich traue dich mir an
um den Brautpreis meiner Treue:
Dann wirst du den Herrn erkennen." (Hos 2,21–22)

Das Jeremia-Wort klingt auch an in dem Wort des Propheten Ezechiel: „Ich will meines Bundes *gedenken,* den ich mit dir in deiner *Jugend* geschlossen habe ..." (Ez 16,60).

Die eigentliche „Brautzeit" Israels war die Zeit nach dem Auszug aus Ägypten bis zum Bundesschluß am Sinai. Also: die Zeit in der Wüste! Der Bundesschluß ist gleichsam der Ehebund Jahwes mit seinem Volk.

Die Brautzeit – Zeit voller Verheißung, voller Zukunft! Jene Erfahrung: „Eben darin besteht ja die Liebe, das Wunderbare an der Liebe, daß sie uns in der Schwebe des Lebendigen hält, in der Bereitschaft, einem Menschen zu folgen in allen seinen möglichen Entfaltungen" (Max Frisch).

Wir wollen das Gotteswort bei Jeremia auf uns hin hören, auf unsere Geschichte mit Gott hin. Gott spricht zu uns, Gott spricht zu mir: „Ich gedenke ...!"Wir denken an unsere Geschichte mit Gott – jeder hat seine Gottesgeschichte. Ist es eine „Liebesgeschichte"?

In seiner Selbstbiographie „Die Wörter" (1965) schreibt Jean-Paul Sartre: „Ich erzähle hier die Geschichte einer mißglückten Berufung. Ich brauchte Gott, man gab ihn mir, ich empfing ihn, ohne zu begreifen, daß ich ihn suchte. Da er in meinem Herzen keine Wurzeln schlug, vegetierte er einige Zeit in mir und starb dann ... Spricht man mir heute von ihm, so sage ich amüsiert und ohne Bedauern wie ein altgewordener Frauenjäger, der eine ehemals schöne Frau trifft: ‚Vor fünfzig Jahren hätte ohne das Mißverständnis, ohne jenen Irrtum, ohne den Zufall, der uns auseinanderbrachte, etwas zwischen uns sein können.' Es war nichts zwischen uns ..."

„Es war nichts zwischen uns", so endet das Sartre-Wort. Ich denke an meine Geschichte mit Gott – ist sie immer nur „sachlich" geblieben? Ist es eine Liebesgeschichte?

„*Rufe* in die Ohren Jerusalems" – *wir* sind Jerusalem; vielleicht müssen wir erst und immer wieder geweckt werden, von Gott her, wir Liebesvergeßlichen; geweckt werden manchmal wie mit einem Schrei! Gab es schon solche Lebensstunde? Vielleicht ein großer Schmerz, eine große Verlassenheit, vielleicht eine große Freude – „Sternstunde" meines Lebens mit Gott!

Unser Blick geht auf das wichtigste Wort in dieser Botschaft Gottes: „Ich gedenke"! Das sagt Gott! Was ist das? Ist das wie ein Träumen Gottes in die Vergangenheit hin, in die Anfangszeit seiner Liebesgeschichte mit seinem Volk?

Ein Student macht mit Freunden eine Ferienreise, eine sehr schöne Reise. Sein Mädchen macht zur gleichen Zeit mit einigen Freundinnen eine andere Reise. Und nun war es so: durch alles Erleben von Ferienschönheit ging unablässig die Sehnsucht von einem zum andern hin, die sagte: Du fehlst mir – so fehlt mir alles! „Ich gedenke." Ist das so bei Gott?

Ein 78jähriger Mann besucht mich. Im Erzählen holt er aus seiner Brieftasche ein Bild seiner verstorbenen Frau und ein zweites, ein Brautbild von ihr. Sie war schon lange tot. Das war sie, sagte er, ich habe sie unendlich geliebt; so war sie. Er hielt das Bild vor sich hin, und was er sagte, war immer noch eine Liebeserklärung an die längst Verstorbene. „Ich gedenke." Ist das so bei Gott?

Wir sagen zu jemandem beim Abschied: Ich denke an dich! Aber wir wissen, wie das geht. Bald, früher oder später, kommt das Vergessen. „Ich gedenke" – ist das nun bei Gott so, daß er sagt: Ich vergesse dich nicht? Ich vergesse dich nie?

Nein, es ist anders bei Gott. Es ist mehr. Es ist mehr als ein noch so schönes und hohes „sentimentales" Gedenken.

Das „Gedenken" Gottes hat etwas mit seinem Namen zu tun, den er aus dem brennenden Dornbusch geoffenbart hat. Ich bin da bei euch! Ich bin bei euch, wirkend, auf den Wegen eurer Geschichte!

In der Vorstellung des Alten Testaments *bewirkt* das Gedenken Gottes das, dessen er gedenkt. (Darum immer wieder die Klage Ijobs: Ach wenn du doch meiner gedächtest!) „Ich gedenke", das heißt bei Gott nicht nur: Du stehst in meiner Erinnerung, in meinem Bewußtsein. Es ist vielmehr der Ausdruck eines wirksamen Eingreifens Gottes in die Geschichte des Volkes, in meine Geschichte. Es ist ein wirksames, schöpferisch-tätiges Gedenken Gottes. Gott „gedenkt" des Anfangs der Geschichte seines Volkes mit ihm. Diesen Anfang hat Gott begründet. Und wenn Gott nun sagt: Ich gedenke, so sagt er damit: Ich führe diesen Anfang in meinem Heilsplan zu seinem Ziel! „Durch das Gedenken Gottes bekommt der Anfang der Heilsgeschichte für das Gottesvolk eine unmittelbare und aktuelle Gegenwartsbedeutung. Danach wirkt Jahwe bis zur Stunde, um das einmal begründete Gemeinschaftsverhältnis mit seinem Volk der Vollendung entgegenzuführen" (Ernst Haag). So ist dieses „Ich gedenke" eine unerhört starke und verheißungsvolle Zusage Gottes.

Von daher gewinnt das „Gedenken" Gottes in der Sprache des Kultes, des Mysteriums eine hohe Bedeutung: Im Gedenken der kultischen Feier wird das Heilswirken Gottes aktuell gegenwärtig! („Tut dies zu meinem *Gedächtnis*").

Von daher verstehen wir auch tiefer den Anfang des Psalms 98, der beim Kult gesungen wurde:

„Singet dem Herrn ein neues Lied,
denn er hat wunderbare Taten vollbracht.
Er hat mit seiner Rechten geholfen
und mit seinem heiligen Arm.
Der Herr hat sein Heil bekanntgemacht
und sein gerechtes Wirken enthüllt
vor den Augen der Völker.
Er dachte an seine Huld
und an seine Treue zum Hause Israel."

Oder in Ps 111:

„Er hat ein *Gedächtnis* an seine Wunder gestiftet,
der Herr ist gnädig und barmherzig.
Er *gibt* denen Speise, die ihn fürchten,
an seinen Bund *denkt* er auf ewig."

Und beim Propheten Baruch:

„Sie freuen sich, daß Gott an sie gedacht hat" (5,5).

Wie aber ist es mit *diesem* „Gedenken" Gottes und dem Verhalten seins Volkes? Mit meinem Verhalten? Kommt Gottes wirksames Gedenken an sein Ziel sozusagen *vorbei* am Verhalten des Volkes, an meinem Verhalten? Das wirksame, schöpferisch-tätige Gedenken Gottes, in welchem Gott den Anfangsentwurf seines Heilsplanes zum Ziel führt, bezieht das Verhalten der Menschen ein. Der *Weg* zum Ziel verändert sich. Gott paßt sich der Geschichte an und führt dennoch in und durch die Geschichte seinen Plan zum Ziel. Seine Treue verfehlt das Ziel nicht, auch wenn der Weg dorthin von der Entscheidung der Menschen mitbestimmt wird. Wo nur irgendwo auf dem eigenwilligen Weg der Menschen eine Andeutung von Offenheit zum Plan Gottes ist, da kann Gottes „Gedenken" wirksam werden. Wenn es denkbar wäre, daß sein Volk, daß der Mensch sich dem „Gedenken" Gottes völlig verschließen würde, dann freilich würde sich der Mensch damit selber das Urteil der bleibenden Gottesferne sprechen.

Wir sehen es an der Geschichte seines Volkes. Gott gedenkt der Anfangsliebe seines Volkes, der „ersten Liebe". Aber was war das bei Israel? War das damals eine so strahlende Brautzeit und Brauttreue? Da gab es schon bald, noch in der Anfangszeit, das Murren und die Versuchung, in die „Sicherheit" Ägyptens zurückzukehren; die Versuchung, den Weg mit Gott – „da du mir nach durch die Wüste gingest" – zu verlassen und sich anzusiedeln.

Und dennoch: was immer da war und da ist im Leben, in der Geschichte Israels an Glaube, an Lobpreisung, an Entscheidung für Jahwe, oft nur zaghaft und anfanghaft, immer wieder verwischt und vergessen, aber doch auch immer wieder durchkommend, etwas vom Glanz der ersten Liebe – es genügt, daß Gott sagen kann: „Ich gedenke!"

Und wenn sein Volk in Halbherzigkeit sich verweigert und seinen Weg im Eigenentwurf geht – Gottes Treue im „Gedenken" bleibt. Er läßt sein Volk wie den verlorenen Sohn weggehen in die Fremde, in die Verlorenheit. Aber Gott geht in Verborgenheit mit, geht mit in die Gefangenschaft seines Volkes und hört nicht auf, sein Volk, die Braut und ihm Vermählte zu umwerben. Und wenn das Zeichen seines Bundes – der Ehebund – von seinem Volk nicht mehr als Liebeszeichen wahrgenommen und verstanden wird, dann errichtet er ein äußerstes, nicht mehr übersehbares, verfremdetes Zeichen seiner Treue und Liebe: das Kreuz: „So sehr hat Gott die Welt geliebt ..." „Ich gedenke": Sein Gedenken wird seinen Liebes- und Heilsplan zum Ziel führen auch durch die Untreue seines Volkes hindurch. „Kann man denn die Frau verstoßen, die man in der Jugend geliebt hat?, spricht dein Gott!" (Jes 54,6).

Wir denken an unsere Geschichte mit Gott. Gab es das in meiner Geschichte mit Gott, „die Huld meiner Jugend" auf Gott hin? Erste Liebe? Etwas Anfanghaftes, Aufbruchhaftes, Jugendliches – Leidenschaft für Gott? Es scheint, daß die Jahre der Jugend eine besondere Nähe haben zu dem, was erste Liebe meint. Aber es gibt auch das andere, daß in späten Jahren der Reife, vielleicht nach schwerer Leiderfahrung, die Tiefe der Liebe stark erweckt wird – „sero te amavi – spät habe ich dich geliebt", klagt Augustinus immer wieder.

Viele könnten in ihrer Geschichte mit Gott kaum eine bestimmte Zeit erkennen, der sie den Namen „erste Liebe" zu geben wagten. Das, was bei anderen sich als starker, erkennbarer Aufbruch zeigt, als unverwechselbare Intensität der Entscheidung für Gott, das erstreckt sich gleichsam, kaum erkennbar, über die ganze Lebensstrecke hin, bald stärker und ausdrücklicher, bald schwächer und unmerklicher. Man könnte kaum auf eine bestimmte Lebensstunde hinweisen und sagen: Da war es!

Aber wie auch immer meine Geschichte mit Gott verläuft: Er wartet darauf, daß ich, der in den Bund mit ihm Gerufene, glaubend und liebend aus meiner Freiheit heraus meine Antwort, meine Lebensantwort gebe; daß ich dem eingreifenden „Gedenken" Gottes mich zuwende!

Ich höre den Lebensbericht eines Mannes, der sein Leben wie ein Abenteuer auf den Weltmeeren zwischen den Kontinenten zugebracht hat. Er sagt: Ich hatte einen Traum. Ich erwachte mit Tränen in den Augen. Ein Licht war da, wie die Sonne. Aber ich wußte: Dies ist *die* Liebe. Dies ist die Gewißheit: Ich bin unendlich geliebt. „An jenem Tag wurde ich angeheuert."

DIE FRAGEN

1. Traue ich dem „Ich gedenke" Gottes? Auf meine Geschichte hin, auf die Geschichte des Volkes Gottes hin? (Das „Ich gedenke" als schöpferisch-tätiges Gedenken Gottes, welches meine Geschichte, die Geschichte des Gottesvolkes zum Ziele führt?)

   Ich berge mich betend in dieses „Ich gedenke".

2. Wo waren in meiner Geschichte mit Gott Stunden der „ersten Liebe"? Des radikalen Vertrauens auf Gott? („da du mir nach durch die Wüste gingst"). Der Leidenschaft für Gott?

   Wo waren Stunden der Untreue, des Eigenweges, der Eigen-Absicherung?

9

Wer es mit Gott zu tun bekommt,
der wird
Freiheit erfahren

Daniel

Roman Bleistein hat in einer Meditation vier Gestalten genannt, die Wichtiges vom Wesen des Menschen anschaubar machen. Da ist zuerst Lynkeus, eine Gestalt der griechischen Mythologie. Die Sage erzählt, daß er mit ungewöhnlicher Sehkraft begabt war. Im zweiten Teil von Goethes „Faust" heißt es: „Lynkeus, der Türmer, auf der Schloßwarte singend:

Lynkeus

Zum Sehen geboren,
Zum Schauen bestellt,
Dem Turme geschworen,
Gefällt mir die Welt.

Ich blick in die Ferne,
Ich seh in der Näh
Den Mond und die Sterne,
Den Wald und das Reh.

So seh ich in allen
Die ewige Zier,
Und wie mir's gefallen,
Gefall ich auch mir.

Ihr glücklichen Augen,
Was je ihr gesehn,
Es sei, wie es wolle,
Es war doch so schön!

„Lynkeus, der Türmer, will sagen: der Mensch ist ein Wesen, das ausschaut, das Übersicht will, das wachsende letzte Freiheit will" (R. Bleistein).

Da ist zweitens Hieronymus im Gehäus. Hieronymus lebte im 4. Jahrhundert. Er hat die bedeutendste lateinische Übersetzung der Bibel geschaffen, die Vulgata, die bis heute Gültigkeit hat. Ein berühmter Kupferstich von Dürer aus dem Jahre 1514 zeigt ihn in seiner Gelehrtenstube, geneigt über sein Schreibpult. Er hat die Einsamkeit des „Gehäuses" aufgesucht, um ganz gesammelt zu sein: „Der Mensch ist ein Wesen, das sich einschließen kann, meditierend in seiner ihm eigenen Tiefe, und dort besinnlich verweilen kann."

Da ist drittens Ikarus. Er ist der Sohn des Dädalus. Auf der Flucht vor König Minos aus Kreta kam er mit seinen durch Wachs zusammengehaltenen Flügeln der Sonne zu nahe und stürzte ins Meer. Die Insel Ikarus, auf der sein Vater ihn begrub, trägt seinen Namen. Die Gestalt des Ikarus will sagen: „Der Mensch ist ein Wesen, das das Risiko sucht, seine Möglichkeiten erproben will und durch seinen eigenen Wagemut scheitern kann."

Und da ist viertens Daniel. Die Gestalt, auf die sich nun unser Blick richtet: „Der Mensch ist ein Wesen, das, ausgesetzt allen Gefahren, nur durch sein großes Vertrauen überlebt."

Roman Bleistein sagt zusammenfassend: „Der konkrete Mensch – ich und Du – ist Lynkeus, Hieronymus, Ikarus und Daniel in einem."

Das Buch Daniel, wie es jetzt vorliegt, geht in die Makkabäerzeit zurück. Es ist jedoch zusammengefügt aus verschiedenen älteren Überlieferungssträngen; das geht schon allein aus der Tatsache hervor, daß Teile des Buches ursprünglich in Hebräisch, andere in Aramäisch, wieder andere in Griechisch geschrieben wurden. Ernst Haag ist der Meinung, „daß die Grundschicht der Textkomposition von Dan 4–6 in dem letzten Jahrzehnt der Regierung des Seleukidenherrschers Antiochus III. (223–187) in Jerusalem als das Werk eines schriftgelehrten Weisen entstanden ist".

Es geht uns in unserer Betrachtung um das 6. Kapitel.

Zur Einordnung dieses Kapitels einige Sätze aus der Vorbemerkung in der Einheitsübersetzung. „Das Buch Daniel berichtet zunächst, wie im Zusammenhang mit der Verschleppung vornehmer Judäer durch Nebukadnezzar auch Daniel und seine drei Freunde nach Babylonien kommen, wo sie trotz ihrer Erziehung im Geist der heidnischen Weltmacht dem Glauben ihrer Väter treu bleiben. Anschließend erzählt das Buch, wie einerseits Daniel als Empfänger und Deuter göttlicher Offenbarungen Aufschluß über den Gang der Weltgeschichte und ihre Vollendung in der Königsherrschaft Gottes gibt, wobei er sein Augenmerk besonders dem Auftreten und Schicksal der gottwidrigen Vertreter der einzelnen heidnischen Weltmächte zuwendet, und wie andererseits Daniel und seine Freunde in der Verfolgung durch diese heidnischen Weltmächte sich als Anhänger des Gottes Israels beispielhaft bewähren (Kap. 1–7)."

Die begabtesten Söhne aus vornehmen Familien werden ausgesucht für den Dienst am babylonischen Königshof. Sie sollen von der Tafel des Königs leben, in Anpassung an heidnischen Lebensstil und damit in Lossagung von jüdischen Speisegesetzen. Königliche Wohltaten sollen sie ihre Herkunft, ihre Glaubensberufung vergessen lassen. Es werden ihnen neue Namen gegeben: es soll ihnen gleichsam eine neue heidnische Identität aufgelegt werden.

Daniel erweist sich als Führungskraft unter den jungen auserwählten Israeliten. Er gewinnt den Oberkämmerer des Königs dafür, daß sie heimlich nach ihren Speisegesetzen leben dürfen. Daniel und seine Gefährten widerstehen den Verlockungen einer falschen Anpassung in der Welt des Wohllebens. Daniel reift zu großer

Frömmigkeit und Weisheit heran und wird Ratgeber des Königs.

Marie Luise Kaschnitz schreibt in dem schönen Essay „Daniel und die Könige" dazu: „Was den Kostgänger des Königs, Daniel und offenbar von allen vier Knaben nur ihn, beunruhigt, sind gerade die Speisen von des Königs Tafel, die wahrscheinlich üppig und schwer, und der Wein, der wahrscheinlich stark berauschend war. Daniel will sich, so heißt es, mit dem allem nicht ‚verunreinigen' – man muß also sehen, wie man des Königs Gebot umgeht. Das gelingt mit Hilfe des obersten Kämmerers, der zuerst fürchtet, die ihm anvertrauten Kinder könnten vom Fleische fallen, sich aber dann auf ein Experiment einläßt, und die Kinder fallen nicht vom Fleische, besser als all ihre Altersgenossen gedeihen sie bei Gemüse und Wasser, der erstaunlichen Kost. Daniel, der Aufrührer, Daniel, der Wortführer, vielleicht auch der Schmeichler, man denkt an Joseph, dem keiner widerstehen konnte, an all die Lieblinge der Götter, die mit ihrem Charme das Ohr der Mächtigen gewannen. Man denkt an Joseph auch, weil in dem Buch Daniel von den andern Knaben zwar gesagt wird, daß Gott ihnen Kunst und Verstand in allerlei Schrift und Weisheit gab, aber nur von Daniel, daß er Gesichte hatte und Träume zu deuten verstand."

Im 6. Kapitel wird berichtet, wie für Daniel die große Bewährung kommt. Und die große Erfahrung: Wer es mit Gott zu tun bekommt, der ist frei! Der ist gehalten!

Daniel ist unter dem neuen König Darius zu hohen Ämtern aufgestiegen. Und da hören wir:

6 2 Darius fand es für gut, über das Reich hundertzwanzig
Satrapen einzusetzen, die über das ganze Reich verteilt
sein sollten. 3 Über diese wieder setzte er drei oberste Be-
amte, zu denen auch Daniel gehörte. Ihnen sollten die Sa-
trapen Rechenschaft ablegen, damit der König keinen
Schaden erleide. 4 Daniel nun zeichnete sich vor den an-
deren obersten Beamten und den Satrapen aus; denn in
ihm war ein außergewöhnlicher Geist. Der König erwog
sogar, ihn zum höchsten Beamten des ganzen Reiches zu
machen. 5 Da suchten die obersten Beamten und die Sa-
trapen einen Grund, um Daniel wegen seiner Amtsfüh-
rung anzuklagen. Sie konnten aber keinen Grund zur
Anklage und kein Vergehen finden; denn er war zuver-
lässig; keine Nachlässigkeit und kein Vergehen konnte
man ihm nachweisen. 6 Da sagten jene Männer: Wir wer-
den keinen Grund finden, um diesen Daniel anzuklagen,
es sei denn, wir finden gegen ihn etwas wegen des Geset-
zes seines Gottes. 7 Darum bestürmten die obersten Beam-
ten und Satrapen den König und sagten zu ihm: König
Darius, mögest du ewig leben. 8 Alle obersten Beamten
des Reiches, die Präfekten, Satrapen, Räte und Statthalter
raten dem König, ein Dekret zu erlassen und folgendes
Verbot in Kraft zu setzen: Jeder, der innerhalb von dreißig
Tagen an irgendeinen Gott oder Menschen außer an
dich, König, eine Bitte richtet, der soll in die Löwengrube
geworfen werden. 9 Erlaß dieses Verbot, o König, und fer-
tige ein Schreiben darüber aus! Es soll nach dem unwan-
delbaren Gesetz der Meder und Perser unabänderlich
sein. 10 König Darius unterzeichnete das Verbot.

11 Als Daniel erfuhr, daß das Schreiben unterzeichnet
war, ging er in sein Haus. In seinem Obergemach waren
die Fenster nach Jerusalem hin offen. Dort kniete er drei-

mal am Tag nieder und richtete sein Gebet und seinen Lobpreis an seinen Gott, ganz so, wie er es gewohnt war. [12]Nun schlichen sich jene Männer heran und fanden Daniel, wie er zu seinem Gott betete und flehte. [13]Darauf gingen sie zum König und erinnerten ihn an sein Verbot; sie sagten: O König, hast du nicht ein Verbot unterzeichnet, nach dem jeder, der innerhalb von dreißig Tagen an irgendeinen Gott oder Menschen außer an dich, König, eine Bitte richtet, in die Löwengrube geworfen werden soll? Der König gab zur Antwort: Die Anordnung steht fest nach dem unwandelbaren Gesetz der Meder und Perser. [14]Da berichteten sie dem König: Daniel, einer von den verschleppten Juden, achtet weder dich, König, noch das Verbot, das du unterschrieben hast, sondern verrichtet dreimal am Tag sein Gebet. [15]Als der König das hörte, war es ihm sehr peinlich, und er dachte nach, wie er Daniel retten könne. Bis Sonnenuntergang bemühte er sich, ihn freizubekommen. [16]Doch jene Männer bestürmten ihn und sagten: Bedenke, König, es ist bei den Medern und Persern Gesetz, daß jedes Verbot und Dekret, das der König erläßt, unabänderlich ist. [17]Darauf befahl der König, Daniel herzubringen, und man warf ihn zu den Löwen in die Grube. Der König sagte noch zu Daniel: Möge dein Gott, dem du so unablässig dienst, dich erretten. [18]Und man nahm einen großen Stein und wälzte ihn auf die Öffnung der Grube. Der König versiegelte ihn mit seinem Siegel und den Siegeln seiner Großen, um zu verhindern, daß an der Lage Daniels etwas verändert würde.

[19]Dann ging der König in seinen Palast; fastend verbrachte er die Nacht; er ließ sich keine Speisen bringen und konnte keinen Schlaf finden. [20]Früh am Morgen, als es gerade hell wurde, stand der König auf und ging in Eile

zur Löwengrube. 21 Als er sich der Grube näherte, rief er
mit schmerzlicher Stimme nach Daniel und fragte: Da-
niel, du Diener des lebendigen Gottes! Hat dein Gott,
dem du so unablässig dienst, dich vor den Löwen erretten
können? 22 Daniel antwortete ihm: O König, mögest du
ewig leben. 23 Mein Gott hat seinen Engel gesandt und
den Rachen der Löwen verschlossen. Sie taten mir nichts
zuleide; denn in seinen Augen war ich schuldlos, und
auch dir gegenüber, König, bin ich ohne Schuld. 24 Dar-
über war der König hoch erfreut und befahl, Daniel aus
der Grube herauszuholen. So wurde Daniel aus der
Grube herausgeholt; man fand an ihm nicht die geringste
Verletzung, denn er hatte seinem Gott vertraut. 25 Nun
aber ließ der König die Männer herbeiholen, die Daniel
verklagt hatten, und ließ sie mit ihren Kindern und
Frauen in die Löwengrube werfen. Sie waren noch nicht
am Boden der Grube angelangt, da stürzten sich die Lö-
wen auf sie und zermalmten ihnen alle Knochen.

26 Daraufhin schrieb König Darius an alle Völker, Na-
tionen und Sprachen auf der ganzen Erde: Friede sei mit
euch in Fülle! 27 Hiermit ordne ich an: Im ganzen Gebiet
meines Reiches soll man vor dem Gott Daniels zittern
und sich vor ihm fürchten. Denn er ist der lebendige
Gott; er lebt in Ewigkeit. Sein Reich geht niemals unter;
seine Herrschaft hat kein Ende. 28 Er rettet und befreit; er
wirkt Zeichen und Wunder am Himmel und auf der
Erde; er hat Daniel aus den Tatzen der Löwen errettet.

29 Daniel aber ging es gut unter dem König Darius und
auch unter dem Perserkönig Kyrus.

Da zeigt es sich: nicht der König ist der Mann von Stärke, sondern Daniel, der im Glauben Verankerte. Der König tut, was so oft die Mächtigen tun: ihr Gewissen aus Angst vor dem Verlust der Macht verraten – Herodes vor Johannes dem Täufer, Pilatus vor Jesus.

Der Vers 11, auf den es uns ankommt, sagt: „Als Daniel erfuhr, daß das Schreiben unterzeichnet war, ging er in sein Haus. In seinem Obergemach waren die Fenster nach Jerusalem hin offen. Dort kniete er dreimal am Tag nieder und richtete sein Gebet und seinen Lobpreis an seinen Gott, ganz so, wie er es gewohnt war."

Das offene Fenster nach Jerusalem und der Blick zur Heiligen Stadt geben ihm *die* Orientierung. Er schaut weiter als Lynkeus, der Türmer! Er hat die stärkere Perspektive, den Durch-Blick. Und er hat diesen Blick *eingeübt* in guten Tagen: „wie er es gewohnt war". Das tägliche Gebetsexerzitium hat ihm die Kraft gegeben, im Ernstfall, da die Häscher schon das Haus umschleichen, sich *vertrauend* dort festzumachen, wo er wahrhaft beheimatet ist, wo die Wurzeln seiner Kraft liegen: in der Stadt Gottes, in Gott selbst! Das ist der Glaube, der zum ersten Mal von Abraham, dem Vater des Glaubens, berichtet wird: „Er machte sich fest in Gott" (Gen 15,6). Daniel hat den Weit-Blick, den Durch-Blick, den Aus-Blick eingeübt: Er war ein Beter! So gehalten zu sein, mitten unter Löwen, das ist nur dem Beter möglich. Nur im Beten, d.h. in einem wahrhaftigen Vor-Gott-Kommen, kann man einen solchen Glauben, solches Vertrauen gewinnen – und den Blick in die Freiheit, das offene Fenster!

In den Zeugnissen der Widerstandskämpfer findet sich das Bekenntnis, daß auch in der Todeszelle dieses offene Fenster von den Bedrückern nicht vernagelt werden kann: „Ich lebe hier auf einem sehr hohen Berg. Man muß helle Augen haben, sonst hält man das Licht hier nicht aus", schreibt Alfred Delp aus der Todeszelle an sein Patenkind.

Was ist für den Christen das, was für Daniel das Fenster nach Jerusalem war? Es ist Christus, der Auferstandene! Ostern! Da ist *der* Ausblick in die Freiheit, in die kommende Stadt Gottes!

Bei aller Weltzugewandtheit und Weltaufgabe des Christen bleibt ihm *hier* eine letzte Fremdheit. „Unsere Heimat ist im Himmel. Von dorther erwarten wir auch Jesus Christus, den Herrn, als Retter, der unseren armseligen Leib verwandeln wird in die Gestalt seines verherrlichten Leibes" (Phil 3,20). „Und sie bekannten, daß sie Fremde und Gäste auf Erden sind" (Hebr 11,13).

Im Buche Daniel steht auch (im 3. Kapitel) der „Gesang der Jünglinge im Feuerofen": „Sie gingen mitten in den Flammen umher, lobten Gott und priesen den Herrn" – die große Erfahrung, daß Preisung in der Not rettet!

Sie hatten das Standbild des Königs nicht anbeten wollen. (Dieses Standbild hat in unserer Gesellschaft vielerlei Gestalt!) Sie hatten sich nicht anpassen wollen. Jetzt war eine Stunde da, in der keine Kompromisse mehr möglich waren. Sie werden für den König und sein Volk zur „gefährlichen Erinnerung". Aber solche, die sich nicht anpassen, müssen mit mancherlei „Feuerofen" rechnen! Und dennoch, es geschieht das Unerhörte: *Mitten im Feuerofen gewinnen sie die Freiheit.* Der Lobpreis *mit der ganzen Schöpfung,* der Lobpreis, der das Ganze der Schöpfung einbezieht, weil der Preisende der letzten

Bejahung durch Gott vertraut – er bewirkt und bezeugt Freiheit! Die, die sich so in Gott festgemacht haben, sind die wahrhaft Freien inmitten einer Welt von Gebundenheiten, Abhängigkeiten.

DIE FRAGEN

1. Lynkeus, Hieronymus, Ikarus, Daniel – welcher dieser vier Gestalten bin ich von meinem Wesen her am ehesten zugeordnet? (Lynkeus, der nach außen Gewandte; Hieronymus, der nach innen Gekehrte; Ikarus, der über sich im Wagnis Hinausgreifende; Daniel, der im Vertrauen Gründende).

2. Gibt es bei mir die Versuchung der falschen Anpassung?

3. Habe ich schon einmal die Erfahrung gemacht, daß Preisung in der Not befreit (vgl. Kap. 3)? Welchen Platz hat in meinem Beten die Preisung?

4. „… wie er es gewohnt war“: Kenne ich das Gebetsexerzitium, das mich zu mir selbst führt vor Gott und mich festmachen kann in ihm?

5. Was ist für mich das Fenster nach Jerusalem?

6. Die entscheidende Frage: Ruhe ich im Vertrauen? Welche positiven, welche negativen Anzeichen für Vertrauenshaltung oder für Vertrauensdefizit gibt es in meinem Verhalten? Habe ich schon einmal die Erfahrung gemacht, daß Vertrauen befreit?

10

Wer es mit Gott zu tun bekommt,
der erfährt
die Freude an Gott als befreiende Kraft

Nehemia

I

Im Priesterseminar war es üblich, in jedem Halbjahr *ein* Buch der Bibel gemeinsam zu lesen und geistlich auszulegen. Das gewählte Buch wurde an einem Tag als Ganzes vorgelesen und dann an weiteren Tagen in einzelnen Abschnitten besprochen und meditiert, wobei die Lebensbedeutung des jeweiligen Abschnittes im Vordergrund stand.

In einem Kurs machte einer der Diakone den Vorschlag, das wenig bekannte Buch Nehemia zu wählen. Dagegen erhob sich von einem anderen heftiger Widerspruch: Das Buch Nehemia sei rein restaurativ, alles solle wieder werden wie früher; im übrigen genüge das Stichwort: Mauerbau – der stehe ja im Mittelpunkt des Buches.

Es sollte sich zeigen, daß dieser Widerspruch auf einer einseitigen Auslegung beruhte, ja auf der Verkennung des Schlüsselwortes dieses Buches. Es sollte sich zeigen, daß von diesem Schlüsselwort her die Hauptaussage des Buches von hoher Aktualität für unsere Zeit sein könnte.

Wir nehmen zunächst den zeitgeschichtlichen Hintergrund wahr: Das jüdische Volk war im Jahre 586 v. Chr. nach der Zerstörung Jerusalems durch die Babylonier in die Gefangenschaft nach Babylon geführt worden. Fünfzig Jahre später wurde Babylon vom persischen König Kyrus erobert. Kyrus erlaubte den Juden die Rückkehr in ihr Land. Sofort begannen die als erste Heimgekehrten in Jerusalem mit der Errichtung des Brandopferaltares und dem Wiederaufbau des Tempels. Der Widerstand der im Umland lebenden Bevölkerung, die sich während der

Zeit der Gefangenschaft angesiedelt hatte, verhinderte den Bau der Stadtmauer: Sie befürchtete ein neues Erstarken der Stadt Jerusalem zu ihrem Nachteil. Entmutigt von all den Schwierigkeiten, begannen die Heimgekehrten an der Möglichkeit zu zweifeln, Tempel und Stadt wiederaufbauen zu können. Aber ohne Mauer war damals jede Stadt mit ihrem Heiligtum jedem Überfall preisgegeben. In dieser Situation stärkten die Propheten Haggai und Sacharja den Lebensmut des Volkes.

Ungefähr 20 Jahre nach der Rückkehr der ersten Gruppe war der Tempel einigermaßen wieder aufgebaut. Im Jahre 458, also etwa 80 Jahre nach dem ersten Heimkehrerschub, kam eine neue Gruppe unter der Führung von Esra nach Jerusalem zurück. Esra, aus aaronitischem Priestergeschlecht, versuchte in Jerusalem eine geistliche Erneuerung des Volkes zu erreichen. Die Widerstände der im Umland wohnenden Bevölkerung gegen eine Erstarkung der Stadt steigerten sich so, daß die Heimgekehrten den Aufbau der schützenden Stadtmauer aufgaben.

In dieser Situation erfuhr Nehemia von dem desolaten Zustand Jerusalems. Hier setzt das Buch Nehemia ein. Die ersten sechs Kapitel berichten vom Wiederaufbau der Mauer unter Führung Nehemias, die sieben weiteren Kapitel berichten vom inneren Aufbau des Volkes.

Wir wollen einen Anweg durch die ersten acht Kapitel gehen; im 8. Kapitel steht dann das Schlüsselwort, auf das es uns ankommt.

Kap. 1: Nehemia lebt in Susa, der Winterresidenz der persischen Könige. Da kommt Hanani, der Bruder des Nehemia, aus Jerusalem und klagt Nehemia das Elend der ungeschützten Stadt, die allen Überfällen preisgegeben ist. Diese Nachricht bewegt Nehemia zutiefst. „Als ich das hörte, setzte ich mich nieder und weinte. Ich trauerte tagelang, fastete und betete zu dem Gott des Himmels" (V. 4).

Kap. 2: Nehemia hat als Mundschenk des Königs Einfluß auf ihn. Der König erkennt den Kummer Nehemias und gibt ihm die Erlaubnis, nach Jerusalem zu gehen und den Weiterbau des Tempels und den Bau der Stadtmauer zu betreiben.

In Jerusalem angekommen, reitet Nehemia in der Nacht, soweit die Trümmer es erlauben, um die Stadt, und sieht das Ausmaß der Zerstörung. Am anderen Tag beginnt er, die führenden Männer der Stadt zu ermutigen: „Gehen wir daran und bauen wir die Mauern Jerusalems wieder auf! So machen wir unserer Schande ein Ende" (V. 17).

Kap. 3: Es beginnt der Aufbau der Tore und der Mauer. Den einzelnen Großfamilien werden je nach ihrer Stärke Abschnitte der Mauer zum Aufbau zugewiesen. Bis in die Einzelheiten hinein wird das mit allen Namen ausführlich beschrieben. Das ist ein wichtiger Prozeß des Zusammenwachsens des Volkes von den Großfamilien her im gemeinsamen Werk und im Wetteifer der einzelnen Familien.

Aber sofort stellen sich auch die Widerkräfte ein. Die ansässigen Siedler im Umland versuchen zunächst mit Spott und Intrigen das Werk zu behindern.

Kap. 4: Dann formiert sich der Widerstand zu kriegerischen Angriffen. Schon wollen die Juden Jerusalems wieder mutlos werden: „Den Trägern geht die Kraft aus; denn es liegt zu viel Schutt da; es wird uns nie gelingen, die Mauer aufzubauen", so lautet ihr Kehrvers (V. 4).

Da ist wieder Nehemia der große Ermutiger. Er schreibt (4, 10): „Seit jenem Tag arbeitete nur die Hälfte meiner Leute am Bau; die andere Hälfte hielt Lanzen, Schilde, Bogen und Panzer bereit ... Die Lastträger arbeiteten so: Mit der einen Hand taten sie ihre Arbeit, in der andern hielten sie den Wurfspieß."

Kap. 5: Nehemia hat schwer gegen resignierende Strömungen anzukämpfen. Vor allem wird es notwendig, einen „sozialen Lernprozeß im Blick auf brüderliche Gerechtigkeit" (Zenger) in Gang zu bringen. Er drängt die Wohlhabenden zu radikalen Schuldnachlässen: „Gebt ihnen (den Verarmten und Verschuldeten) unverzüglich ihre Äcker und Weinberge, ihre Ölgärten und Häuser zurück, und erlaßt ihnen die Schuld an Geld und Getreide, Wein und Öl, die sie bei euch haben" (5, 11). Nehemia selbst rühmt sich – zu Recht – seiner unbestechlichen und selbstlosen Amtsführung.

Kap. 6: Die Gegner versuchen vergeblich, Nehemia in eine tödliche Falle zu locken. Trotz all dieser Widerstände wird die Mauer fertiggestellt.

Kap. 7: Nun wird ein großes Verzeichnis aller Geschlechter zusammengestellt, die in der Stadt wohnen.

Kap. 8: Dann wird die ganze Bevölkerung zu einer großen Versammlung auf den Platz vor dem Wassertor zusammengerufen. Der Schriftgelehrte Esra und seine Helfer lesen dem Volk die Tora vor.

In diesem 8. Kapitel steht nun das Wort, auf das sich unser Blick richtet: „Seid nicht traurig; denn die Freude am Herrn ist eure Stärke."

[8]*Man las aus dem Buch, dem Gesetz Gottes, in Abschnitten vor und gab dazu Erklärungen, so daß die Leute das Vorgelesene verstehen konnten.*

[9]*Der Statthalter Nehemia, der Priester und Schriftge-
lehrte Esra und die Leviten, die das Volk unterwiesen,
sagten dann zum ganzen Volk: Heute ist ein heiliger Tag
zu Ehren des Herrn, eures Gottes. Seid nicht traurig, und
weint nicht! Alle Leute weinten nämlich, als sie die
Worte des Gesetzes hörten.* [10]*Dann sagte Esra zu ihnen:
Nun geht, haltet ein festliches Mahl, und trinkt süßen
Wein! Schickt auch denen etwas, die selbst nichts haben;
denn heute ist ein heiliger Tag zur Ehre des Herrn. Seid
nicht traurig; denn die Freude am Herrn ist eure Stärke.*
[11]*Auch die Leviten beruhigten das ganze Volk und sag-
ten: Seid still, denn dieser Tag ist heilig. Macht euch
keine Sorgen!* [12]*Da gingen alle Leute nach Hause, um zu
essen und zu trinken und auch andern davon zu geben
und um ein großes Freudenfest zu begehen; denn sie hat-
ten die Worte verstanden, die man ihnen verkündet
hatte.*

„Seid nicht traurig, denn die Freude am Herrn ist eure Stärke." Kein Wort Nehemias ist bekannter als dieses. Im Zusammenhang des ganzen Buches ist dieses Wort das Schlüsselwort. Von diesem Wort her muß einem Mißverständnis des Nehemiabuches begegnet werden. Das Volk und Nehemia haben einen Prozeß durchgemacht. Sie hatten die Mauer gebaut: sie sollte die Schutzwehr sein, hinter der sie sich geborgen fühlen könnten. Aber unter dem Eindruck der Gottesworte, die sie einen ganzen Tag lang hören, geht ihnen auf: *nicht die Mauer, nicht die Rüstung ist ihre Kraft, sondern allein das freu-*

dige Vertrauen auf den lebendigen Gott, dessen Name Jahwe ist: Ich bin da bei euch! Erich Zenger schreibt dazu: „Die Zeit des ‚Weinens' (V. 9) über den Untergang des Jahwe-Staates soll zu Ende sein, weil nunmehr im freudigen und brüderlichen Hören auf das in der Tora (in den Büchern Genesis bis Deuteronomium) gesammelte Jahwe-Wort eine andere, richtigere Jahwe-Gesellschaft Gestalt gewinnt. Sehr betont sagt der Erzähler: ‚die Freude an dem zu euch redenden Jahwe soll von nun an eure Schutzwehr sein', d. h., nicht die Stadtmauern, sondern das Hören und Tun des Gotteswortes sind der Schutz und die Rettung dieser neuen Gemeinde.

Unsere Lesung ist also ein erzählender ‚Verfassungsentwurf': sie lädt das Gottesvolk ein, auf militärische und staatliche Macht zu verzichten und als brüderlich-teilende, auf Jahwes Wort hörende Gemeinschaft ein Gegenbild zu den üblichen Gesellschaftsformen dieser Erde zu werden, das *so* das Zusammenleben der Völker friedlich verändert. Wo dies geschieht, hat sich die Tora, die Schrift, erfüllt."

II

„Seid nicht traurig; denn die Freude an Gott ist eure Stärke" – eure Schutzwehr. Was bedeutet dieses Wort für das Volk Gottes, für die Kirche?

Wenn der Gemeinde aufgegangen ist, wer Gott in Wahrheit für sie ist, der Gott Jesu Christi, dann steht sie in der Freude. Diese Freude gibt der Gemeinde eine Freiheit und Gelassenheit gegenüber den Bedrohungen aus der Welt, die nur so zu gewinnen ist. Denn sie weiß sich in der Hand Gottes geborgen, unverletzbar: das ist ihre Freude!

Wir erfahren auch, wie damals in Jerusalem diese Freude aufkommen konnte: Die Verantwortung für die ganze Gemeinde wurde von kleinen, überschaubaren Gemeinschaften, nämlich den Großfamilien, im Aufbauwerk erlebt. Jede Familie hatte ihren Platz im Werk der ganzen Gemeinde. Und: Die ganze Gemeinde erfuhr, daß sie nur leben kann, wenn sie in sozialer Gerechtigkeit, im Ausgleich von Reich und Arm „Stadt auf dem Berge" ist und sich so von den Völkern unterscheidet, in denen die Macht regiert. Entscheidend aber für das Aufkommen der Freude an Gott ist das „freudige und brüderliche Hören auf das in der Tora gesammelte Jahwe-Wort, aus dem eine neue Jahwe-Gesellschaft Gestalt gewinnt" (Zenger). Das heißt also: die Feier der Gemeinde in brüderlicher Verbundenheit, in der der starke, Vertrauen gebende Zuspruch Gottes erfahren wird.

Ob eine Kirche in der Freude an Gott lebt und daraus Freiheit gewinnt – dafür wird das Kriterium sein: ob sie mehr auf Absicherungen (= Mauer) vertraut, auf Machtmittel, auf „Medien", als auf die Schutzwehr, die sie aus der Freude an Gott gewinnt.

III

Wir haben unserer Besinnung die Überschrift gegeben: Wer es mit Gott zu tun bekommt, erfährt: Die Freude an Gott ist die befreiende Kraft. Jetzt fragen wir: Was bedeutet dieses Wort für *mich:* „Seid nicht traurig; denn die Freude an Gott ist eure Kraft"?

Zunächst: „Seid nicht traurig!" Es gibt viele Gründe,

traurig zu sein. Traurigkeiten, die kommen und gehen. Aber es gibt *eine* Traurigkeit jenseits aller Traurigkeiten. Ist es jene Traurigkeit, die aus einer letzten Einsamkeit aufsteigt?

„Seltsam, im Nebel zu wandern!
Leben ist Einsamsein.
Kein Mensch kennt den andern,
Jeder ist allein." (Hermann Hesse)

Oder ist es die Traurigkeit, die aus einem tiefen Heimweh kommt?

„O Erde, Erde
Stern aller Sterne
durchzogen von den Spuren
des Heimwehs
die Gott selbst begann ..." (Nelly Sachs)

Kenne ich Traurigkeit? Was ist meine tiefste Traurigkeit?

Jesus hat Traurigkeit gekannt. Traurigkeit über die Stadt Jerusalem. Traurigkeit – bis zu Tränen – über den Tod seines Freundes Lazarus. Und tiefste Traurigkeit, Todtraurigkeit im Garten Getsemani: „Tieftraurig ist meine Seele bis zum Tod" (Mt 26, 38). Was war diese Traurigkeit Jesu? –

Nehemia sagt: „Seid nicht traurig, denn die Freude an Jahwe ist eure Kraft?" Es steht da „Jahwe"! Dieser Gottesname heißt: Ich bin da, bei euch!

Meine Traurigkeit sehen im Lichte dieses Wortes.

Die Freude an Gott. Was ist das? Vielleicht versetze ich mich einmal hinein in die Vorstellung, ich könnte nicht an Gott glauben. Alles wäre ohne letzten Sinn. Alles wäre nur blinder Zufall ... (Vgl. Jean Paul, Rede des toten Christus von der Zinne des Weltgebäudes herab, daß kein Gott sei.)

Ein Student erzählt: „Im dritten Jahr meines Studiums saß ich eines Abends in München in einem Kreis von Studenten und Studentinnen der verschiedensten Herkunft und Studienrichtung. Im Laufe des Abends kam das Gespräch auf die Frage nach Gott. Ein kalter Hauch von Unglaube, Zweifel, Skepsis ging durch den Raum. Es war, als würden alle Lichter ausgelöscht und als griffe die Finsternis mit dunklen Händen nach uns.

Als ich dann nachher allein auf meinem Zimmer war, bedrückt und schlaflos nach dem Erlebten: da kam es – ich weiß nicht wie – über mich wie eine Woge von Dankbarkeit und Freude. Es war nun kein Nachdenken mehr; wie ein unaufhaltsamer Strom kamen mir die inneren Worte des Gebetes, der Anbetung, der Freude: Gott! Du mein Gott! Und zugleich kam eine tiefe, mir unerklärliche innere Verbundenheit mit den Menschen auf, die ich soeben verlassen hatte, eine Verbundenheit, die sie hineinziehen wollte in meine Freude."

Es gibt ungezählte Zeugnisse von dieser Erfahrung: „Die Freude an Gott ist eure Stärke."

Die Apostelgeschichte berichtet im 16. Kapitel von Paulus und Silas, wie sie nach blutiger Geißelung ins Gefängnis geworfen werden und ihre Füße in den Block geschlossen werden. Und dann steht da (Apg 16,24–26): „Um Mitternacht beteten Paulus und Silas und *sangen Loblieder;* und die Gefangenen hörten ihnen zu. Plötzlich begann ein gewaltiges Erdbeben, so daß die Grundmauern des Gefängnisses wankten. Mit einem Schlag sprangen die Türen auf, und allen fielen die Fesseln ab."

Da ist das Nehemia-Wort in ein Bildgeschehen gebracht!

Im berühmten „Mémorial" berichtet Blaise Pascal vom „Überfall" der Freude an Gott in der Nacht des 23. November 1654. Da wird der 31jährige so von der Freude an Gott überwältigt, daß er das Erleben nachher nur stammelnd aufschreiben kann: „Freude, Freude, Freude, Tränen der Freude!"

Ewald von Kleist-Schmenzin, am 15. April 1945 in Plötzensee durch Henkershand gestorben, schreibt im Gefängnis: „So merkwürdig es klingt, eins habe ich im Gefängnis gelernt: mich zu freuen ... Ich bin ... meines Glaubens völlig gewiß geworden, er hat allen Belastungen unerschüttert standgehalten ... Es war mir manchmal, als ob ich beinahe körperlich die führende und zu sich ziehende Hand Gottes spürte ... Ich habe es wirklich erfahren."

Was ist das, meine Freude an Gott? Gab es Stunden solcher Erfahrung? Was ist das Kriterium dafür, daß meine Freude an Gott echt ist? (Daß ich mich nicht auf eigene Absicherungen verlasse = Mauer, sondern Gott wirklich vertraue. Daß ich also loslassen kann auf Gott hin!)

Im Psalm 73 steht das Wort eines Glaubenden, eines wahrhaft frommen Beters, ein unerhörtes Wort: „Wenn ich nur dich habe, so frage ich nichts nach Himmel und Erde. Wenn mir auch Leib und Seele verschmachten, so bist du doch, Herr, allezeit meines Herzens Trost und Anteil."

Der Dichter Novalis (1772–1801) sagt es in einem Lied so aus:

Wenn ich ihn nur habe,
Wenn er mein nur ist,
Wenn mein Herz bis hin zum Grabe
Seine Treue nie vergißt:
Weiß ich nichts von Leide,
Fühle nichts, als Andacht, Lieb' und Freude.

Wo ich ihn nur habe,
Ist mein Vaterland;
Und es fällt mir jede Gabe
Wie ein Erbteil in die Hand;
Längst vermißte Brüder
Find' ich nun in seinen Jüngern wieder.

Bei Ramón Llull (1232–1316) gibt es ein Gebet, das aus dem Überschwang geistlicher Freude kommt*:

Du mußt wissen, Herr: Wir, die wir großen Anlaß zur Freude haben, freuen uns so im Tiefsten, daß uns ist, als träumten wir, stellen wir uns vor, wie wir das Sein als Gabe in uns tragen.

Ach du mein Gott der Herrlichkeit und Wunder! Wenn jemand träumte, er sei tot, und er erwacht und findet sich am Leben – wie groß ist seine Freude! So geht es uns, Herr, die wir glücklich sind, weil wir uns seiend sehen.

Darum, so wie ein Trunkener kaum noch bei Sinnen ist, wenn ihn die Kraft des Weins ergreift, bin ich ganz außer mir, kaum noch bei Sinnen im Überschwang der Freude meines Seins!

Aus meiner Freude, Herr, dem Glück und all der Fröhlichkeit, erbau' ich mir ein Haus, mach' mir ein Zimmer, Bett und Kleider, einen Hut!

Ach Herr! Das Glück, die Freude und das Frohsein, die du – gepriesen seist du! – in mich legtest, sie machen mich so stark, daß ich mich stärker fühle als die Berge. Nicht Stahl noch Eisen sind so stark wie ich!

Mein Herr und Gott, voll aller Weisheit und Güte! Wenn du

* Aus: E. Lorenz, Der nahe Gott (Freiburg 1985).

mich froh machst, weil du bist und weil ich bin, wie sollte ich mich da nicht rühmen, stärker zu sein als Fels und Stahl? Denn eher werden Fels und Stahl zu Staub, als daß der Mensch, der sich freut in dir, dem Nichts anheimgegeben wird.

Ja, du kannst Fels und Stahl in Staub verwandeln. Doch unmöglich ist es dir, o Herr, ungerecht zu sein gegen den, der sich freut in dir.

Ach Herr! Wenn ich die Freude und die Stärke rühme, so rühme ich nicht mich, ich preise dich! Was aus mir selbst kommt, kann mir wenig helfen. So laß mich, Herr, dir sagen: Ich weiß, daß alles Gute kommt von dir, der du mein Gott und Schöpfer bist.

DIE FRAGE

Wie erfahre ich in meinem Leben die Wirklichkeit des Nehemia-Wortes?

II

Wer es mit Gott zu tun bekommt,
dem kann es geschehen,
daß er vor Freude tanzt

David

Die Regierungszeit Davids erstreckt sich auf die Zeitspanne zwischen 1000 und 960. Sein Herrschaftsgebiet umfaßt ganz Palästina. Jerusalem, die alte Stadt der Jebusiter, wird von ihm zur Hauptstadt des Reiches erhoben.

David hat ein starkes Leben gelebt, stark in der Leidenschaft für Gott, stark in menschlicher Leidenschaft, stark auch in der Tiefe der Bekehrung. Aus solchem Leben formten sich Psalmen.

Das Evangelium sagt uns, daß Jesus von Nazaret „Sohn Davids" genannt wird. „Jesus, Sohn Davids, erbarme dich meiner", so ruft der blinde Bettler am Weg. Und der Zweite Timotheusbrief sagt: „Denk daran, daß Jesus Christus, *der Nachkomme Davids,* von den Toten auferstanden ist" (2, 8).

(Der Krieg mit den Philistern: 2 Samuel 5, 17–25)
17 Die Philister hörten, daß man David zum König von Is-
rael gesalbt hatte. Da zogen alle herauf, um David gefan-
genzunehmen. David erfuhr davon und zog sich in eine
Bergfestung zurück. 18 Als die Philister herankamen und
in der Rafaïterebene umherstreiften, 19 befragte David den
Herrn; er sagte: Soll ich die Philister angreifen? Wirst du
sie in meine Hand geben? Der Herr antwortete David:
Greif sie an; denn ich werde die Philister bestimmt in
deine Hand geben. 20 Da zog David nach Baal-Perazim.
Dort schlug er die Philister und sagte: Der Herr hat die
Reihen meiner Feinde vor meinen Augen durchbrochen,
wie Wasser (einen Damm) durchbricht. Deshalb nennt
man jenen Ort Baal-Perazim (Herr der Durchbrüche).
21 Die Philister ließen dort ihre Götterbilder zurück, so
daß David und seine Männer sie mitnehmen konnten.
22 Doch die Philister zogen noch einmal herauf und

streiften in der Rafaïterebene umher. 23 David befragte
wieder den Herrn, und der Herr antwortete ihm: Zieh
nicht hinauf, umgeh sie in ihrem Rücken, und komm
von den Baka-Bäumen her an sie heran! 24 Wenn du dann
in den Wipfeln der Baka-Bäume ein Geräusch wie von
Schritten hörst, dann beeil dich; denn dann geht der Herr
vor dir her, um das Heer der Philister zu schlagen. 25 Da-
vid tat, was der Herr ihm befohlen hatte, und er schlug
die Philister (im ganzen Gebiet) zwischen Geba und der
Gegend von Geser.

(Die Überführung der Bundeslade nach Jerusalem: 6,1–23)
6 1 David versammelte wiederum alle jungen Krieger aus
Israel, dreißigtausend Mann, 2 brach auf und zog mit sei-
nem ganzen Heer nach Baala in Juda, um von dort die
Lade Gottes heraufzuholen, über der der Name des Herrn
der Heere, der über den Kerubim thront, ausgerufen wor-
den ist. 3 Sie stellten die Lade Gottes auf einen neuen Wa-
gen und holten sie so vom Haus Abinadabs, das auf
einem Hügel stand; Usa und Achjo, die Söhne Abina-
dabs, lenkten den neuen Wagen 4 [sie holten sie also aus
dem Haus Abinadabs, das auf dem Hügel stand,] mit der
Lade Gottes, und Achjo ging vor der Lade her. 5 David
und das ganze Haus Israel tanzten und sangen vor dem
Herrn mit ganzer Hingabe und spielten auf Zithern, Har-
fen und Pauken, mit Rasseln und Zimbeln. 6 Als sie zur
Tenne Nachons kamen, brachen die Rinder aus, und Usa
streckte seine Hand nach der Lade Gottes aus und faßte
sie an. 7 Da entbrannte der Zorn des Herrn gegen Usa,
und Gott erschlug ihn auf der Stelle wegen dieser Vermes-
senheit, so daß er neben der Lade Gottes starb. 8 David
war sehr erregt darüber, daß der Herr den Usa so plötzlich

dahingerafft hatte, und man nennt den Ort bis heute darum Perez-Usa (Wegraffung Usas). 9 An jenem Tag bekam David Angst vor dem Herrn, und er sagte: Wie soll die Lade des Herrn jemals zu mir kommen? 10 Darum wollte David die Lade des Herrn nicht zu sich in die Davidstadt bringen lassen, sondern stellte sie in das Haus des Obed-Edom aus Gat. 11 Drei Monate lang blieb die Lade des Herrn im Haus Obed-Edoms aus Gat, und der Herr segnete Obed-Edom und sein ganzes Haus.

12 Als man König David berichtete: Der Herr hat das Haus Obed-Edoms und alles, was ihm gehört, um der Lade Gottes willen gesegnet, da ging David hin und brachte die Lade Gottes voll Freude aus dem Haus Obed-Edoms in die Davidstadt hinauf. 13 Sobald die Träger der Lade des Herrn sechs Schritte gegangen waren, opferte er einen Stier und ein Mastkalb. 14 Und David tanzte mit ganzer Hingabe vor dem Herrn her und trug dabei das leinene Efod. 15 So brachten David und das ganze Haus Israel die Lade des Herrn unter Jubelgeschrei und unter dem Klang des Widderhorns hinauf. 16 Als die Lade des Herrn in die Davidstadt kam, schaute Michal, Sauls Tochter, aus dem Fenster, und als sie sah, wie der König David vor dem Herrn hüpfte und tanzte, verachtete sie ihn in ihrem Herzen. 17 Man trug die Lade des Herrn in das Zelt, das David für sie aufgestellt hatte, und setzte sie an ihren Platz in der Mitte des Zeltes, und David brachte dem Herrn Brandopfer und Heilsopfer dar. 18 Als David mit dem Darbringen der Brandopfer und Heilsopfer fertig war, segnete er das Volk im Namen des Herrn der Heere 19 und ließ an das ganze Volk, an alle Israeliten, Männer und Frauen, je einen Laib Brot, einen Dattelkuchen und einen

Traubenkuchen austeilen. Dann gingen alle wieder nach Hause.

[20]Als David zurückkehrte, um seine Familie zu begrüßen, kam ihm Michal, die Tochter Sauls, entgegen und sagte: Wie würdevoll hat sich heute der König von Israel benommen, als er sich vor den Augen der Mägde seiner Untertanen bloßgestellt hat, wie sich nur einer vom Gesindel bloßstellen kann. [21]David erwiderte Michal: Vor dem Herrn, der mich statt deines Vaters und seines ganzen Hauses erwählt hat, um mich zum Fürsten über das Volk des Herrn, über Israel, zu bestellen, vor dem Herrn habe ich getanzt; [22]für ihn will ich mich gern noch geringer machen als diesmal und in meinen eigenen Augen niedrig erscheinen. Bei den Mägden jedenfalls, von denen du gesprochen hast, stehe ich in Ehren. [23]Michal aber, die Tochter Sauls, bekam bis zu ihrem Tod kein Kind.

In diesem Abschnitt erfahren wir, daß die Philister noch einmal einen Einbruch in die Herrschaftsmacht Davids versuchen. Die Salbung Davids zum König des ganzen Reiches ist der Anlaß.

Im Kapitel 6 steht die Bundeslade im Mittelpunkt des Berichtes. Sie soll die Mitte des Reiches werden: Zeichen der Gegenwart Gottes, Zeichen der Einheit des Reiches. Bei der feierlichen Übertragungsprozession trägt David „das Priestergewand, den linnenen Ephod, ein kurzes, wahrscheinlich Oberkörper und Lenden bedeckendes Kleid. Das lange Obergewand hat David abgelegt. Für das Tanzen findet sich hier ein Wort, das mit Kikkar (Kreis) zusammenhängt und eine drehende Bewegung bezeichnet. Später werden zwei Verben verwendet, die schnelles Hüpfen und Springen bedeuten. Wichtig ist, daß David hierbei priesterliche Funktionen ausübt, wie denn auch berichtet wird, daß er das Volk segnet … Es ist nicht ausgeschlossen, daß die Worte ‚Vor dem Herrn will ich springen, will tanzen vor dem Herrn' einen Vers darstellen, wie er bei solchen Tanzprozessionen gebräuchlich gewesen ist" (H. W. Hertzberg, Die Samuelbücher).

David ist ein Mensch, der immer deutlicher ahnt, daß Gott die Mitte ist und sein muß. Was später Nehemia schreibt: „Die Freude am Herrn ist eure Stärke", das hat David erfahren und bringt es in großartiger Weise zum Ausdruck. Er läßt die Lade, Zeichen der Gegenwart Gottes, gleichsam aus der Verlorenheit wieder in die Mitte tragen und ist dabei aufs lebendigste beteiligt. „Wer es mit Gott zu tun bekommt, dem kann es geschehen, daß er vor Freude tanzt." David hat Gott erfahren als die Mitte seines Lebens, der Geschichte, seines Volkes. Er wird überwältigt von der Freude dieser Erfahrung und vergißt in diesem gesegneten Augenblick alle „Etikette"; jede „Rolle", jede „Persona" fällt weg; er ist über sich hinausgehoben vor Freude!

(Michals Unfruchtbarkeit ist ein Bild: sie bleibt bei sich selbst, sie ist auf ihr An-sehen bedacht in Ab-sehung von Gott, sie kennt die Ekstase der Freude nicht – ihr Leben bleibt unfruchtbar.)

Ein König tanzt in der Freude an Gott vor Gott im Angesicht seines ganzen Volkes – welch ein Bekenntnis! „Dem Herrn will ich singen und spielen" (Ps 27,6).

„Ihr Gerechten, jubelt vor dem Herrn;
für die Frommen ziemt es sich, Gott zu loben.
Preist den Herrn mit der Zither,
spielt für ihn auf der zehnsaitigen Harfe!
Singt ihm ein neues Lied,
greift voll in die Saiten und jubelt laut!" (Ps 33,1–3)

Davids Frömmigkeit scheint in die letzte Reife gelangt zu sein: Gott – Mitte seines Lebens! Diese Erfahrung läßt ihn jubeln!

(Bei der Übertragung der Lade kommt es zu einem verhängnisvollen Zwischenfall, dem plötzlichen Tod Usas. Wie auch immer wir heute in unserem religiösen Bewußtsein dieses Ereignis deuten wollen, vielleicht kann uns dieses Ereignis sagen: Wer Gott in die Mitte seines Lebens tragen will, darf es nicht in einer leichtfüßigen Fröhlichkeit tun, die vergißt, daß Gott auch der Unnahbare, der ganz Andere, der Furchtbare, buchstäblich der Un-begreifbare ist, das Geheimnis schlechthin. Man kann mit Gott, dem „lieben Gott", nicht umgehen wie mit irgendeiner noch so kostbaren Sache. Es gibt den „Schrecken Gottes"! David wird von diesem Schrecken Gottes so betroffen, daß er seinen Plan, die Lade in die Stadt zu tragen, aufgeben will.)

Wer es mit Gott zu tun bekommt, dem kann es geschehen, daß er vor Freude tanzt – kenne ich solche Stunde in meinem Leben? „Wie werde ich daran froh, daß Gott Gott ist!" (Charles de Foucauld).

Die Erfahrung, daß Gott die Mitte ist und daß diese Mitte wie ein wunderbares Strahlungszentrum ist, das alles durchstrahlt?

In Ludwig Tiecks Roman „Franz Sternbalds Wanderungen" (1798) gibt es eine Stelle, da springt ein junger Mann vor Freude, daß er ein Christ ist. Und das Kapitel, in dem das zu lesen ist, endet mit dem Satz: „Sein Schicksal schien ein wunderbares Konzert zu sein, er konnte nicht genug darüber sinnen, er konnte an diesem Tag vor Entzücken nicht müde werden."

Wenn Gott als Mitte im Glauben erlebt wird, dann

kann eine innere Freude aufkommen. Gott – Mitte meines Lebens?

In einem Exerzitienkurs wurde folgende Aufgabe gestellt: Jeder solle auf etwa zehn Zetteln in Stichworten aufschreiben, was für sein Leben ganz besonders wichtig sei; was, wenn es wegfiele, für ihn eine wesentliche Beeinträchtigung bedeuten würde. Dann sollten die Zettel ihrem Rang nach geordnet werden. Was würde dann, so war die Frage, an der ersten Stelle stehen? Stehe dann, so wurde nachher gefragt, Gott an erster Stelle?

Da machte jemand – mit Recht – den Einwand: Man kann Gott nicht an eine Stelle setzen, auch nicht an die erste Stelle neben anderen Werten; Gott muß in allen Dingen anwesend sein, muß in allen Dingen Mitte sein!

In den Lebenserinnerungen des Musikers Yehudi Menuhin („Unvollendete Reise") las ich ein Wort zur Interpretation eines Musikstückes durch den Spieler: „Im Idealfall würde man eine Passage ganz gleichmäßig spielen und gerade so viel Unregelmäßigkeit zulassen, daß ein Element der Lebendigkeit spürbar bleibt; sich auf das beschränken, was man vielleicht *La part de Dieu,* den Teil Gottes, nennen kann – jene Nuance, von der jede Aufführung fast unbewußt bestimmt ist."

Ist es also dies: Daß es im Spielen eines Musikstückes darauf ankommt, jene fast verborgene Dimension durchkommen zu lassen, jene in den Noten und Zeichen kaum festlegbare Nuance, die Menuhin la part de Dieu nennt, jenes also, das dem Ganzen das Lebendige, Strahlende gibt, welches den Hörer wie über sich hinausträgt in eine andere Welt und ihn eine verborgene Dimension mitten in unserer Welt ahnen läßt?

Gott so Mitte meines Lebens?

Von welcher Art ist die Freude, die aufkommt, wenn Gott erfahren wird als der „alles in allem"? Es gibt eine Freude an Gott, die wie mit Tanzen jubelt. Aber es gibt auch eine Freude an Gott unter Tränen.

Ein Ausblick: Jesus! Was für David die Bundeslade war – die lebendige Präsenz Gottes in seiner Stadt, in ihrer Mitte –, das war für Jesus das Abba! Mein Vater! Das war geradezu das Grundgeheimnis, das Persongeheimnis seines Lebens: ganz und gar aus dieser Mitte zu leben, von Gott her, auf Gott hin. Schon der Zwölfjährige sagt: „Wußtet ihr nicht, daß ich in dem sein muß, was meines Vaters ist?" Er stellt mit letzter Unbedingtheit Gott in die Mitte seines Lebens. Und in dem Gebet, das er den Seinen gibt, leitet er sie an, das gleiche zu tun: Vater, dein Wille! Von dieser lebendigen Mitte, Gott, dem Vater, lebt er: „Meine Speise ist es, den Willen dessen zu tun, der mich gesandt hat."

Die Lade ist für David das Signum des Bundes Gottes mit seinem Volk. Vor diesem Signum der Verbundenheit Gottes mit ihm und seinem Volk tanzt und spielt der König in seiner frommen Freude.

Auch bei Jesus, dem Sohne Davids, geht es um den Bund mit Gott. Aber welche Verwandlung: Das Signum des Bundes ist das Kreuz! Er trägt es wie in einem schrecklichen Todestanz – nicht mehr in die Mitte der Stadt, sondern nach draußen, vor die Tore der Stadt.

Denn die Menschen von damals und heute, *der* Mensch überhaupt, hat seine Mitte verloren, er ist ein Verlorener, draußen ... Und so muß der Sohn Davids, nicht im Triumph, sondern in der Todesnot, den Bund Gottes hineintragen in die äußerste Verlorenheit, in die äußerste Peripherie der Menschheit: Er muß die verlorene Mitte hineintragen in die Verlorenheit, damit *dort,* mitten im Draußen, die Mitte aufgerichtet wird: nicht mehr goldene Lade, umgeben von Räucherwerk, sondern blutiges Kreuz, das Zeichen des *Leidens Gottes* an der Verlorenheit der Menschen!

Für David ist die Lade eine Bestätigung und Stützung seiner Macht: Gott steht zu ihm in seinem Bund! Nun aber, im Sohne Davids, wandelt sich das Zeichen: nicht mehr die goldene Lade, deren Berührung tödliche Machtstrahlen ausstrahlt, so daß, wer sie berührt, tot umfällt, sondern das durchbohrte Herz, die Ohnmacht der gekreuzigten Liebe, die arme Liebe Gottes. Nicht mehr in der Mitte der Hauptstadt, sondern draußen außerhalb der Mauern, auf einem Felsen, der mitten in einer Schutthalde stand. Aber wer von diesem durchbohrten Herzen angezogen wird, wird nicht vom Tod getroffen, sondern vom Leben. „Wenn ich von der Erde erhöht bin, werde ich alle an mich ziehen."

Geheimnisvoll baut sich, verborgen durch die Jahrtausende hin, um *dieses* Zeichen eine neue Stadt, *die* neue Stadt. Und wenn sie an Seinem Tag aus der Verborgenheit heraustritt, wird es allen offenbar, was ihre Mitte ist – nicht der Tempel, nicht die Sonne, sondern das Lamm! Das geschlachtete Lamm.

Fünfhundert Jahre nach König David wird die Lade verlorengehen. Im Jahre 586, *dem* Karfreitag Israels vor Jesus, als Jerusalem schrecklich zusammenbricht unter den Schlägen Babylons, entzieht sich die Lade Gottes, das Zeichen seiner Präsenz. Niemand weiß ihren Ort. Die Nachkommen Davids hatten sich mit der Macht verbündet, sie hatten dem Bund mit Gott nicht mehr vertraut; nun zieht sich Gott aus dem Bereich der Macht zurück. Schon deutet sich in den Gottesknechtsliedern seines Propheten an, wie der Entwurf Gottes ist: Die Mitte der Stadt ist nicht die Macht Gottes, sondern die Ohnmacht seiner Liebe. Wieder 500 Jahre später wird auf dem Felsen Golgota das schreckliche Liebeszeichen des Bundes Gottes aufgerichtet. Wer erkennt es?

Jesus trägt das Zeichen des Bundes an den vorherbestimmten Ort. Nicht mehr Zither- und Harfenklang, nicht mehr Jubelruf, sondern das Hohngeschrei des Pöbels begleiten seinen Weg. So schrecklich ist sein Todestanz mit dem Zeichen des Bundes, daß er dreimal zu Boden fällt: der König mit seiner Dornenkrone!

Ist aus diesem Tun Jesu Freude erwachsen? Unendlich größere Freude als Davids Freude: der Jubel der Auferstehung!

Wer wird solches verstehen können? Es wird denen gegeben, die Jesus in jenem Preisungswort meint, welches man den Jubelruf Jesu nennt: „In jener Zeit sprach Jesus: Ich preise dich, Vater, Herr des Himmels und der Erde, weil du all das den Weisen und Klugen verborgen, den Unmündigen aber geoffenbart hast. Ja, Vater, so hat es dir gefallen" (Mt 11,25 f).

DIE FRAGE

Was weckt in mir die Freude an Gott?

12

Wer es mit Gott zu tun bekommt,
der darf
nicht mehr seine Macht zählen

David

Das Kapitel 24 ist das letzte Kapitel im zweiten Samuelbuch. Der Lebensbogen Davids senkt sich dem Ende zu. Im voraufgehenden 23. Kapitel waren die letzten Worte Davids mitgeteilt worden und darin der Lobpreis Gottes: „All mein Heil und alles, was ich begehrte, ließ er es nicht aufsprießen?" Um so überraschender ist es, daß dann im letzten Kapitel noch einmal von einer schweren Schuld Davids, von der Gefahr eines tiefen Absturzes die Rede ist.

24 2 Der König befahl Joab, dem Obersten des Heeres, der
bei ihm war: Durchstreift alle Stämme Israels von Dan bis
Beerscheba, und mustert das Volk, damit ich weiß, wie
viele es sind. 3 Joab aber sagte zum König: Der Herr, dein
Gott, möge das Volk vermehren, hundertmal mehr, als es
jetzt ist, und mein Herr, der König, möge es mit eigenen
Augen sehen. Warum aber hat mein Herr, der König, Ge-
fallen an einer solchen Sache? 4 Doch der König beharrte
gegenüber Joab und den Anführern des Heeres auf sei-
nem Befehl, und Joab und die Anführer des Heeres verlie-
ßen den König, um das Volk Israel zu mustern. 5 Sie
überschritten den Jordan und begannen bei Aroër, rechts
von der Stadt, die mitten im Tal liegt. Dann gingen sie
auf Gad und Jaser zu 6 und weiter nach Gilead und ins
Land der Hetiter nach Kadesch. Von dort aus zogen sie
nach Dan, und von Dan wandten sie sich nach Sidon.
Dann kamen sie zur Festung Tyrus und zu all den Städ-
ten der Hiwiter und der Kanaaniter. Darauf zogen sie in
den Negeb von Juda hinab nach Beerscheba. 8 So durch-
streiften sie das ganze Land und kamen nach neun Mo-
naten und zwanzig Tagen wieder nach Jerusalem zurück.
9 Und Joab gab dem König das Ergebnis der Volkszählung

bekannt: Israel zählte achthunderttausend Krieger, die mit dem Schwert kämpfen konnten, und Juda fünfhunderttausend.

[10]Dann aber schlug David das Gewissen, weil er das Volk gezählt hatte, und er sagte zum Herrn: Ich habe schwer gesündigt, weil ich das getan habe. Doch vergib deinem Knecht seine Schuld, Herr; denn ich habe sehr unvernünftig gehandelt. [11]Als David am Morgen aufstand, war bereits folgendes Wort des Herrn an den Propheten Gad, dem Seher Davids, ergangen: [12]Geh und sag zu David: So spricht der Herr: Dreierlei lege ich dir vor. Wähl dir eines davon! Das werde ich dir antun. [13]Gad kam zu David, teilte ihm das Wort mit und sagte: Was soll über dich kommen? Sieben Jahre Hungersnot in deinem Land? Oder drei Monate, in denen dich deine Feinde verfolgen und du vor ihnen fliehen mußt? Oder soll drei Tage lang die Pest in deinem Land wüten? Überleg dir sehr genau, was ich dem, der mich gesandt hat, als Antwort überbringen soll. [14]Da sagte David zu Gad: Ich habe große Angst. Wir wollen lieber dem Herrn in die Hände fallen, denn seine Barmherzigkeit ist groß; den Menschen aber möchte ich nicht in die Hände fallen. [15]Da ließ der Herr über Israel eine Pest kommen; sie dauerte von jenem Morgen an bis zu dem festgesetzten Zeitpunkt, und es starben zwischen Dan und Beerscheba siebzigtausend Menschen im Volk. [16]Als der Engel seine Hand gegen Jerusalem ausstreckte, um es ins Verderben zu stürzen, reute den Herrn das Unheil, und er sagte zu dem Engel, der das Volk ins Verderben stürzte: Es ist jetzt genug, laß deine Hand sinken! Der Engel war gerade bei der Tenne des Jebusiters Arauna. [17]Als David den Engel sah, der das Volk schlug, sagte er zum Herrn: Ich bin es doch, der ge-

sündigt hat; ich bin es, der sich vergangen hat. Aber
diese, die Herde, was haben denn sie getan? Erheb deine
Hand gegen mich und gegen das Haus meines Vaters!
18 Am gleichen Tag kam Gad zu David und sagte zu
ihm: Geh hinauf und errichte dem Herrn auf der Tenne
des Jebusiters Arauna einen Altar! 19 David ging hinauf,
wie es Gad gesagt und der Herr befohlen hatte. 20 Arauna
hielt gerade Ausschau und sah den König mit seinen Die-
nern kommen. Er ging hinaus, warf sich vor dem König
mit dem Gesicht zur Erde nieder 21 und sagte: Warum
kommt mein Herr, der König, zu seinem Knecht? David
antwortete: Um von dir die Tenne zu kaufen und dem
Herrn einen Altar zu errichten, damit die Plage im Volk
aufhört. 22 Arauna antwortete David: Mein Herr, der Kö-
nig, möge alles nehmen, was er für gut findet, und es (als
Opfer) darbringen. Sieh her, hier sind die Rinder für das
Brandopfer und die Dreschschlitten und das Geschirr der
Rinder als Brennholz. 23 Das alles gab [der König] Arauna
dem König und sagte zu ihm: Der Herr, dein Gott, sei dir
gnädig. 24 Der König erwiderte Arauna: Nein, ich will es
dir gegen Bezahlung abkaufen; ich will dem Herrn, mei-
nem Gott, keine unbezahlten Brandopfer darbringen. Da-
vid kaufte also die Tenne und die Rinder für fünfzig
Silberschekel. 25 Und er baute dort einen Altar für den
Herrn und brachte Brandopfer und Heilsopfer dar; der
Herr aber ließ sich um des Landes willen erweichen, und
die Plage hörte auf in Israel.

Es geht zuletzt um die Bereitung des Platzes, auf dem das Haus des Herrn errichtet werden soll. Davids Nachfolger sollte den Tempel bauen, aber David sollte den Platz dafür bereiten. Dieser entscheidende Ausblick auf den heiligen Mittelpunkt des davidischen Reiches, die Wohnung Jahwes in seinem Tempel inmitten seines Volkes – er geht hervor aus einer Schuld Davids, der Zorn Gottes wandelt sich in Heil.

Worin besteht die Schuld Davids? Er zählt seine Macht! Am Ende seines Lebens will er sehen, wie mächtig er ist. Er gibt den Befehl, die wehrfähigen Männer seines Reiches zu zählen. Joab, sein Feldherr, warnt ihn noch: „Warum hat mein Herr, der König, Gefallen an einer solchen Sache?" Aber der König bleibt bei seinem Befehl. So wird Davids Macht gezählt. Kaum aber ist das geschehen, da heißt es: „Da schlug David das Gewissen, weil er das Volk gezählt hatte, und er sagte zum Herrn: Ich habe schwer gesündigt, weil ich das getan habe."

Ein Bote Gottes kommt und kündigt ihm die Strafe an. Er soll wählen: Seine Feinde sollen über ihn kommen, oder die Hand Gottes selbst soll ihn und das Land schlagen. Da spricht David zu dem Gottesboten das bewegende Wort: „Ich habe große Angst. Wir wollen lieber dem Herrn in die Hände fallen, denn seine Barmherzigkeit ist groß; den Menschen aber möchte ich nicht in die Hände fallen."

Sofort ist unsere Frage da: Warum ist die Zählung der wehrfähigen Männer eine so strafwürdige Schuld? Man muß an den Anfang der Davidgeschichte zurückgehen. Der junge David war begnadet mit einem starken Vertrauen. Ein „Sonntagskind" von früh an. Seine religiöse Urerfahrung im Kampf mit Goliat war: Gott ist meine Kraft! Mit der Hirtenschleuder in der Hand geht er auf den Philister zu und ruft: „Du kommst zu mir mit Schwert, Speer und Sichelschwert, ich aber komme zu dir im Namen des Herrn der Heere." Diese Urerfahrung, daß er von Gott gehalten ist, kommt in der Preisung, die als Davids letzte Worte überliefert sind, noch einmal zum Ausdruck: „Ist nicht mein Haus durch Gott gesichert? ... All mein Heil und alles, was ich begehrte, ließ er es nicht aufsprießen?" Und nun, nach solchen Worten, im letzten Kapitel seiner Geschichte: „Mustert das Volk, damit ich weiß, wie viele es sind." Seine Sünde ist: er zählt seine Macht, er sichert sich ab – und vergißt, was er sein ganzes Leben erfahren hat: daß Gott seine Macht ist! Er fällt aus dem Vertrauen heraus. Er steht am Ende seines Lebens, er steht am Rande seines Todes – da, wo er ganz loslassen sollte, da, wo er ganz aus seiner Mitte leben sollte, in der er gehalten ist, da hält er fest. „Der Held trägt eine Rüstung, der Heilige geht nackt", diese Weisheit des Gottesvertrauenden hat ihn verlassen. Mochte jeder andere Fürst seine Mannschaft zählen dürfen, David durfte es nicht. Es war ein Verrat an aller Gotteserfahrung seines Lebens. David hatte den Schritt in die Eigenmacht getan, in der der Mensch sagt: Ich bin stark! Für David war das Zählen der Macht heidnisches, gottloses Tun. Und der Prophet Gad muß Gottes Protest gegen Davids „Machtetablierung" aussprechen.

Dann aber zeigt sich in bewegender Weise, wie David sich erneut in Gott hineinfallen läßt: „Da sagte David zu Gad: Ich habe große Angst. Wir wollen lieber dem Herrn in die Hände fallen, denn seine Barmherzigkeit ist groß; den Menschen aber möchte ich nicht in die Hände fallen." Als dann der Todesengel durch das Volk rast, ruft David in schmerzlicher Selbstanklage aus: „Ich bin es doch, der gesündigt hat; ich bin es, der sich vergangen hat. Aber diese, die Herde, was haben sie denn getan? Erheb deine Hand gegen mich!" Auch in der Schuld, in der Bekehrung ist David groß.

Von diesem David, der seine Macht zählt, geht unser Blick zu Jesus, dem Sohne Davids, hin. Er zählt seine Macht nicht. Er ist der, der rein vertraut. Als Satan ihn in der Wüste zur Macht verführen will – „dir will ich diese ganze Macht und Herrlichkeit geben" –, da hat Jesus nur diese Antwort: „Du sollst dem Herrn, deinem Gott, huldigen und ihm allein dienen." „Stecke dein Schwert in die Scheide", so befiehlt er dem Jünger, der nach der Gewalt greift. In wehrloser Liebe hängt er zuletzt nackt am Kreuz. Und es zeigt sich: Die „Ohnmacht" der gekreuzigten Liebe ist stärker als der Tod.

Das Mißtrauen gegen Gottes Vertrauenswürdigkeit war der Anfang der Versuchung in der Menschengeschichte: „Hat Gott wirklich gesagt: Ihr dürft von keinem Baum des Gartens essen? – Nein, ihr werdet nicht sterben. Gott weiß vielmehr: Sobald ihr davon eßt, gehen euch die Augen auf; ihr werdet wie Gott und erkennt Gut und Böse", so sagt der Versucher im Paradies. Das Mißtrauen gegen Gottes Vertrauenswürdigkeit ist immer wieder der tiefste Grund aller Gottesverschattung im Menschen. Die Heiligen sind heilig, weil sie nicht ihre Macht zählen; weil sie vertrauen! Unser ganzes Leben hängt schließlich daran, ob wir vertrauen können. Unsere ganze Reich-Gottes-Arbeit hängt schließlich daran, ob wir vertrauen können.

In einem Gedicht, das die Überschrift trägt „David" („... und baute der Psalmen Nachtherbergen / für die Wegwunden") sagt Nelly Sachs von David:

„Sterbend hatte er mehr Verworfenes
dem Würmertod zu geben
als die Schar seiner Väter –
Denn von Gestalt zu Gestalt
weint sich der Engel im Menschen
tiefer in das Licht."

„Der Engel im Menschen" – die Lichtsehnsucht im Menschen! Tausend Jahre nach David wird jener „Sohn Davids" über die Erde wandern, der von sich sagen wird: „Ich bin das Licht." Er wird nicht im Königspalast geboren werden, er wird nicht in der Stadt Davids regieren. In totaler Machtentäußerung wird er außerhalb der Stadt sterben. Aber er ist der, der sagen wird: „Wenn ich über die Erde erhöht bin, werde ich alles an mich ziehen."

DIE FRAGEN

1. Worin besteht bei mir das Zählen der Macht? Die Absicherung, das Vergessen des Vertrauens?

2. Wo zeigt sich in meinem Leben, daß ich der Macht Gottes vertraue?

13

Wer es mit Gott zu tun bekommt,
kann der scheitern?

Saul

„Saul, der Herrscher, abgeschnitten vom Geiste
wie eine Brennschnur erloschen –
gerissen aus dem Lichterkreis
über Saul, dem Herrscher, steht eine Krone aus
Sterben –" (Nelly Sachs)

In seiner „Theologie des Alten Testamentes" schreibt Gerhard von Rad, daß Saul für den Glauben wichtig geworden ist „vor allem als der Gesalbte, der Jahwes Hand entglitten ist, als der von der Bühne Abtretende und als der dem Kommenden Weichende, also als der von Gott Verlassene, als der von einem Wahn in den anderen Getriebene und als der Verzweifelte, der zuletzt von einer gnadenlosen Finsternis verschlungen wird. Die Erzählungen begleiten den Weg des unglücklichen Königs bis zuletzt mit einer tiefen menschlichen Anteilnahme und entrollen eine Tragödie, die sich in ihrem letzten Akt zu feierlicher Größe erhebt. Tatsächlich hat Israel nie mehr eine dichterische Gestaltung hervorgebracht, die sich in gewissen Einzelzügen so nahe mit dem Geist der griechischen Tragödie berührt. Freilich, Saul stand nicht unter einer dunklen Schicksalsmacht und hat auch nicht in Hybris über sich selbst hinausgegriffen. Er war dazu berufen, ein sonderliches Werkzeug des Geschichtswillens Jahwes zu sein, denn durch ihn wollte Jahwe seinen Plan, Israel zu erretten, verwirklichen (1 Sam 9, 10). An dieser Aufgabe ist er gescheitert. Das allerdings läßt dieses Bild von Saul klar erkennen, daß nämlich das Leben des Gesalbten noch unter anderen Gesetzen stand als das der gewöhnlichen Menschen und daß es von der Möglichkeit eines viel schrecklicheren Scheiterns bedroht war" (I, S. 323 u. 324). „Man kann ihn als den Typus des vor

Gott zerbrechenden Gesalbten bezeichnen, dessen Sturz in Nacht und Verzweiflung der Erzähler mit tiefer Anteilnahme begleitet" (S. 362).

(Nirgendwo scheint mir die Tragödie Sauls künstlerisch großartiger dargestellt zu sein als in dem Rembrandt zugeschriebenen Bild „David spielt vor Saul" im Mauritshuis in Den Haag.)

Die Geschichte Sauls ist uns berichtet in 1 Sam 9–31. Aber in diesen Kapiteln ist auch schon von David die Rede.

In dem Bericht über Sauls Berufung gibt es zwei sich verflechtende Stränge, einen älteren ursprünglichen Strang und einen viel späteren jüngeren. Der ältere sieht in der Erwählung Sauls die Tat Jahwes, der dem Volk einen kraftvollen Führer in notvoller Zeit geben wollte. Diese Darstellung gipfelt in dem Vers 9, 16, in dem Gott zu Samuel spricht: „Morgen um diese Zeit schicke ich einen Mann aus dem Gebiet Benjamins zu dir. Ihn sollst du zum Fürsten meines Volkes Israel salben. Er wird mein Volk aus der Gewalt der Philister befreien; denn ich habe die Not meines Volkes Israel gesehen, und sein Hilfeschrei ist zu mir gedrungen." Der jüngere Strang, der wesentlich schon in Kapitel 8 ansetzt, sieht in dem drängenden Verlangen des Volkes nach einem König ein schweres Vergehen des Volkes, dem Jahwe nur unwillig nachgibt. Diese jüngere Darstellung ist stark gefärbt von den schlechten Erfahrungen, die Israel in den späteren Jahrhunderten mit seinen Königen hat machen müssen. Sie kommt schon gleich am Anfang stark zum Ausdruck in einem Wort Gottes an Samuel über das Verlangen des Volkes nach einem König in 8, 7–8: „Der Herr sagte zu Samuel: Sie haben mich verworfen. Ich soll nicht mehr ihr König sein. Das entspricht ganz ihren Taten, die sie immer wieder getan haben, seitdem ich sie aus Ägypten heraufgeführt habe, bis zum heutigen Tag; sie haben mich verlassen und anderen Göttern gedient."

Wir hören die Abschnitte aus dem Ersten Buch Samuel. Es ist ein wunderbares Erzählen. Zunächst die Kapitel 9–11:

(Die Salbung Sauls zum König: 9,1 – 10,16)
9 1 Damals lebte in Benjamin ein Mann namens Kisch,
ein Sohn Abiëls, des Sohnes Zerors, des Sohnes Bechorats,
des Sohnes Afiachs, ein wohlhabender Benjaminiter. 2 Er
hatte einen Sohn namens Saul, der jung und schön war;
kein anderer unter den Israeliten war so schön wie er; er
überragte alle um Haupteslänge.
3 Eines Tages verliefen sich die Eselinnen von Sauls Va-
ter Kisch. Da sagte Kisch zu seinem Sohn Saul: Nimm ei-
nen von den Knechten, mach dich mit ihm auf den Weg,
und such die Eselinnen! 4 Sie durchquerten das Gebirge
Efraim und durchstreiften das Gebiet von Schalischa, fan-
den sie aber nicht. Sie zogen durch das Gebiet von Schaa-
lim – ohne Erfolg; dann durchwanderten sie das Land
Jemini, fanden sie aber wieder nicht. 5 Als sie in das Ge-
biet von Zuf gekommen waren, sagte Saul zu seinem
Knecht, der ihn begleitete: Komm, wir wollen umkehren,
sonst macht sich mein Vater um uns noch mehr Sorgen
als um die Eselinnen. 6 Der Knecht erwiderte ihm: In die-
ser Stadt wohnt doch ein Gottesmann. Er ist sehr angese-
hen; alles was er sagt, trifft mit Sicherheit ein. Laßt uns
jetzt zu ihm gehen; vielleicht kann er uns sagen, welchen
Weg wir hätten gehen sollen. 7 Saul antwortete dem
Knecht: Was sollen wir dem Mann mitbringen, wenn wir

*hingehen? Das Brot in unseren Taschen ist zu Ende. Wir
haben nichts, was wir dem Gottesmann als Geschenk
bringen könnten. Oder haben wir sonst etwas? [8]Darauf
antwortete ihm der Knecht: Sieh her, ich habe noch einen
Viertel-Silberschekel bei mir. Den will ich dem Gottes-
mann geben, damit er uns Auskunft über den Weg gibt.
[9]– Früher sagte man in Israel, wenn man hinging, um
Gott zu befragen: Wir wollen zum Seher gehen. Denn wer
heute Prophet genannt wird, hieß früher Seher. – [10]Saul
sagte zu seinem Knecht: Dein Vorschlag ist gut. Komm,
wir wollen hingehen. Sie gingen also in die Stadt, wo der
Gottesmann wohnte. [11]Als sie die Steige zur Stadt hinauf-
gingen, trafen sie einige Mädchen, die herauskamen, um
Wasser zu schöpfen. Sie fragten sie: Ist der Seher hier?
[12]Sie antworteten ihnen: Ja, er ist da, da vorn. Beeilt euch
aber, denn er ist gerade in die Stadt gekommen, weil das
Volk heute auf der Kulthöhe ein Opferfest feiert. [13]Wenn
ihr in die Stadt kommt, werdet ihr ihn gerade noch tref-
fen, bevor er zur Kulthöhe hinaufsteigt, um am Mahl teil-
zunehmen. Denn das Volk ißt nicht, ehe er kommt, weil
er das Opfer segnen muß; erst dann essen die Eingelade-
nen. Geht also hinauf; denn jetzt könnt ihr ihn treffen.
[14]Da gingen sie weiter zur Stadt hinauf. Und als sie zur
Mitte der Stadt gekommen waren, kam ihnen gerade Sa-
muel entgegen, der zur Kulthöhe hinaufgehen wollte.*

*[15]Der Herr aber hatte Samuel, einen Tag bevor Saul
kam, das Ohr für eine Offenbarung geöffnet und gesagt:
[16]Morgen um diese Zeit schicke ich einen Mann aus dem
Gebiet Benjamins zu dir. Ihn sollst du zum Fürsten mei-
nes Volkes Israel salben. Er wird mein Volk aus der Ge-
walt der Philister befreien; denn ich habe die Not meines
Volkes Israel gesehen, und sein Hilfeschrei ist zu mir ge-*

drungen. [17]Als Samuel Saul sah, sagte der Herr zu ihm: Das ist der Mann, von dem ich dir gesagt habe: Der wird über mein Volk herrschen. [18]Saul trat mitten im Tor zu Samuel und fragte: Sag mir doch, wo das Haus des Sehers ist. [19]Samuel antwortete Saul: Ich bin der Seher. Geh vor mir her zur Kulthöhe hinauf! Ihr sollt heute mit mir essen. Morgen früh will ich dich dann weiterziehen lassen. Ich werde dir Auskunft über alles geben, was du auf dem Herzen hast. [20]Über die Eselinnen, die dir vor drei Tagen abhanden gekommen sind, brauchst du dir keine Gedanken zu machen. Sie wurden gefunden. Auf wen aber richtet sich die ganze Sehnsucht Israels? Gilt sie nicht dir und dem ganzen Haus deines Vaters? [21]Da antwortete Saul: Bin ich nicht ein Benjaminiter, also aus dem kleinsten Stamm Israels? Ist meine Sippe nicht die geringste von allen Sippen des Stammes Benjamin? Warum sagst du so etwas zu mir? [22]Samuel nahm Saul und seinen Knecht mit, führte sie in das Haus und wies ihnen die Ehrenplätze unter den Eingeladenen an; es waren etwa dreißig Männer (versammelt). [23]Samuel sagte zum Koch: Bring das Stück her, das ich dir gegeben habe, das, von dem ich dir gesagt habe: Halt es bei dir zurück! [24]Da trug der Koch die Keule auf und setzte sie Saul vor; er sagte: Das ist das, was übrig blieb. Greif zu und iß! Als ich das Volk eingeladen hatte, ist dieses Stück für dich und für diese Stunde aufgehoben worden. An jenem Tag aß Saul zusammen mit Samuel. [25]Dann stiegen sie von der Kulthöhe in die Stadt hinab, und Samuel hatte mit Saul auf dem Flachdach eine Unterredung. [26]Früh am Morgen, als die Dämmerung anbrach, rief Samuel zu Saul aufs Dach hinauf: Steh auf! Ich will dir das Geleit geben. Saul stand auf, und beide gingen zusammen hinaus. [27]Als sie zur Grenze des Stadtgebietes

gekommen waren, sagte Samuel zu Saul: Sag dem
Knecht, er soll vorausgehen; du aber bleib nun hier ste-
hen! Ich will dir ein Gotteswort verkünden. Da ging der
Knecht voraus.
10 1 Da nahm Samuel den Ölkrug und goß Saul das Öl auf
das Haupt, küßte ihn und sagte: Hiermit hat der Herr
dich zum Fürsten über sein Erbe gesalbt. 2 Wenn du jetzt
von mir weggehst, wirst du beim Grab der Rahel in Zel-
zach im Gebiet von Benjamin zwei Männer treffen, und
sie werden zu dir sagen: Die Eselinnen, nach denen du
auf der Suche bist, sind gefunden worden. Doch denkt
dein Vater nicht mehr an die Sache mit den Eselinnen,
sondern macht sich Sorgen um euch und sagt: Was kann
ich nur wegen meines Sohnes unternehmen? 3 Wenn du
dann von dort weiterziehst und zur Tabor-Eiche kommst,
werden dir dort drei Männer begegnen, die zu Gott nach
Bet-El hinaufziehen. Einer trägt ein Böckchen, einer trägt
drei Laib Brot und einer trägt einen Schlauch Wein. 4 Sie
werden dich grüßen und dir zwei Brote geben; die sollst
du von ihnen annehmen. 5 Danach wirst du nach Gibeat-
Elohim kommen, wo die Vorposten der Philister stehen.
Wenn du dort in die Stadt hineingehst, wirst du eine
Schar von Propheten treffen, die von der Kulthöhe herab-
kommen, und vor ihnen wird Harfe, Pauke, Flöte und
Zither gespielt. Sie selbst sind in prophetischer Verzük-
kung. 6 Dann wird der Geist des Herrn über dich kom-
men, und du wirst wie sie in Verzückung geraten und in
einen anderen Menschen verwandelt werden. 7 Wenn du
aber all diese Zeichen erlebst, dann tu, was sich gerade er-
gibt; denn Gott ist mit dir. 8 Hernach geh mir voraus
nach Gilgal hinab! Ich werde dann bereits auf dem Weg
zu dir sein, um Brandopfer darzubringen und Heilsopfer

zu schlachten. Sieben Tage mußt du warten, bis ich zu dir komme. Dann werde ich dir verkünden, was du tun sollst.

[9]Als sich Saul nun umwandte, um von Samuel wegzugehen, verwandelte Gott sein Herz. Und noch am gleichen Tag trafen alle diese Zeichen ein. [10]Als sie, Saul und sein Knecht, nach Gibea gelangten, kam ihnen tatsächlich eine Schar von Propheten entgegen. Der Geist Gottes kam über Saul, und Saul geriet mitten unter ihnen in prophetische Verzückung. [11]Alle, die ihn von früher kannten, sahen, wie er zusammen mit den Propheten in Verzückung war. Die Leute sagten zueinander: Was ist denn nur mit dem Sohn des Kisch geschehen? Ist auch Saul unter den Propheten? [12]Einer von dort erwiderte: Wer ist denn schon deren Vater? So ist das Sprichwort entstanden: Ist denn auch Saul unter den Propheten?

[13]Als die Verzückung zu Ende war, ging Saul nach Gibea hinein. [14]Der Onkel Sauls fragte ihn und seinen Knecht: Wo seid ihr denn gewesen? Er antwortete: Wir waren weg, um die Eselinnen zu suchen. Als wir aber sahen, daß sie nirgends (zu finden) waren, gingen wir zu Samuel. [15]Sauls Onkel sagte: Erzähl mir doch, was Samuel euch gesagt hat. [16]Saul antwortete seinem Onkel: Er hat uns mit Bestimmtheit gesagt, daß die Eselinnen gefunden worden sind. Die Sache mit dem Königtum aber, von der Samuel gesprochen hatte, erzählte er ihm nicht.

(Die Wahl Sauls zum König: 10,17–27)

[17]Samuel rief das Volk zum Herrn nach Mizpa zusammen. [18]Er sagte zu den Israeliten: So spricht der Herr, der Gott Israels: Ich habe Israel aus Ägypten heraufgeführt, ich habe euch aus der Gewalt der Ägypter befreit und aus

der Gewalt all der Königreiche, die euch bedrängt haben.
[19] Ihr aber habt heute euren Gott verworfen, der euer Retter in allen Nöten und Bedrängnissen war, und ihr habt gesagt: Nein, du sollst einen König bei uns einsetzen. Stellt euch jetzt also vor dem Herrn auf, (geordnet) nach euren Stämmen und Tausendschaften. *[20] Und Samuel ließ alle Stämme Israels antreten (um das Los zu werfen). Das Los fiel auf den Stamm Benjamin.* *[21] Darauf ließ er den Stamm Benjamin (geordnet) nach seinen Sippen antreten, und das Los fiel auf die Sippe Matri. Und schließlich fiel das Los auf Saul, den Sohn des Kisch. Man suchte ihn (überall), fand ihn aber nicht.* *[22] Sie befragten noch einmal den Herrn: Ist noch jemand hierher gekommen? Der Herr antwortete: Ja, aber er hat sich beim Troß versteckt.* *[23] Sie liefen hin und holten ihn von dort. Als er mitten unter das Volk trat, überragte er alle anderen um Hauptеslänge.* *[24] Und Samuel sagte zum ganzen Volk: Habt ihr gesehen, wen der Herr erwählt hat? Keiner ist ihm gleich im ganzen Volk. Da jubelte das ganze Volk und sagte: Es lebe der König!* *[25] Samuel machte dem Volk das Königsrecht bekannt, schrieb es in ein Buch und legte das Buch vor dem Herrn nieder. Dann entließ Samuel das ganze Volk, jeden in sein Haus.* *[26] Auch Saul ging in sein Haus nach Gibea. Und mit ihm zog eine Schar von Männern, deren Herz Gott berührt hatte.* *[27] Niederträchtige Menschen aber sagten: Was kann uns der schon helfen? Sie verachteten ihn und brachten ihm kein Geschenk. Er aber tat, als merkte er es nicht.*

(Hilfe für Jabesch: 11,1–13)
11 [1] Da zog der Ammoniter Nahasch heran und belagerte Jabesch-Gilead. Die Männer von Jabesch sagten zu Na-

hasch: Schließ einen Vertrag mit uns, dann wollen wir dir dienen. [2]Der Ammoniter Nahasch erwiderte ihnen: Unter einer Bedingung will ich mit euch einen Vertrag schließen: Ich steche euch allen das rechte Auge aus und bringe damit Schande über ganz Israel. [3]Die Ältesten von Jabesch sagten: Laß uns sieben Tage Zeit! Wir wollen Boten durch das ganze Gebiet von Israel schicken. Wenn sich niemand findet, der uns retten kann, werden wir uns dir ergeben. [4]Als die Boten nach Gibea-Saul kamen und die Sache dem Volk vortrugen, brach das ganze Volk in lautes Weinen aus. [5]Saul kam gerade hinter seinen Rindern vom Feld her und fragte: Was haben denn die Leute, daß sie weinen? Sie erzählten ihm, was die Männer von Jabesch berichtet hatten. [6]Als Saul das hörte, kam der Geist Gottes über ihn, und sein Zorn entbrannte heftig. [7]Er ergriff ein Gespann Rinder und hieb es in Stücke, schickte die Stücke durch Boten in das ganze Gebiet von Israel und ließ sagen: Wer nicht hinter Saul und Samuel in den Kampf zieht, dessen Rindern soll es ebenso gehen. Da fiel der Schrecken des Herrn auf das ganze Volk, und sie rückten aus wie e i n Mann. [8]Als Saul sie in Besek musterte, waren es dreihunderttausend Männer aus Israel und dreißigtausend Männer aus Juda. [9]Sie sagten zu den Boten, die gekommen waren: Folgendes sollt ihr den Männern von Jabesch-Gilead sagen: Morgen, wenn die Sonne am heißesten brennt, bekommt ihr Hilfe. Die Boten gingen heim und berichteten alles, und die Männer von Jabesch freuten sich. [10]Sie ließen Nahasch sagen: Morgen werden wir zu euch hinauskommen. Dann könnt ihr mit uns machen, was euch gefällt. [11]Am nächsten Morgen stellte Saul das Volk in drei Abteilungen auf. Um die Zeit der Morgenwache drangen sie mitten in das

Lager ein, und zur Zeit der Mittagshitze hatten sie die Ammoniter geschlagen. Nur wenige blieben übrig; sie wurden zerstreut, so daß nicht einmal zwei von ihnen beieinander blieben.

[12]*Da sagte das Volk zu Samuel: Wer hat damals gesagt: Soll etwa Saul als König über uns herrschen? Gebt diese Männer heraus, damit wir sie töten.* [13]*Saul aber sagte: An diesem Tag soll niemand getötet werden; denn heute hat der Herr Israel Hilfe gebracht.*

[14]*Samuel sagte zum Volk: Kommt, wir wollen nach Gilgal gehen und dort das Königtum erneuern.* [15]*Da ging das ganze Volk nach Gilgal. Sie machten dort in Gilgal Saul vor dem Herrn zum König, schlachteten dem Herrn Heilsopfer, und Saul und alle Männer Israels waren voll Freude.*

Wir gehen zunächst dem Bericht in Einzelheiten nach.

Es gibt ein geflügeltes Wort: „Saul zog aus, die Eselinnen seines Vaters zu suchen, und fand ein Königreich." Manchmal geht es sonderbar mit Berufungen zu.

9,22: Wie beiläufig wird in diesem Vers erkennbar, wie in Israel das soziale Verhalten gegenüber dem Gesinde war: Der Knecht bekommt mit Saul den Ehrenplatz unter den Eingeladenen!

9,27 – 10,1: Die Salbung, die Weihe, geschieht in der Verborgenheit. Die Handauflegung bei der Priesterweihe geschieht in der Stille, im Schweigen: Geheimnis zwischen Gott und dem Menschen!

Die Salbung Sauls ist wie ein Sakrament. „Daß damit dem Betreffenden lebenslang ein besonderer, nicht mehr verschwindender Charakter aufgeprägt wird, ist bei keiner Gestalt des Alten Testaments so deutlich wie bei

Saul. Auch seine spätere Verwerfung ändert nichts daran, daß er ‚Gesalbter Jahwes' ist" (Hertzberg).

10,9f.: „Da verwandelte Gott sein Herz": Das Charisma kommt über Saul! Ein Geeignetsein für das Königtum, eine Offenheit für Gott. („Der Anblick ist groß, wenn der Engel im Menschen geboren wird, wenn alsdann am Horizont der Erde die zweite Welt aufsteigt und wenn die ganze Sonnenwärme der Tugend auf das Herz nicht mehr durch Wolken fällt", Jean Paul im „Hesperus".)

16b: Er verschweigt die Berufung. Es gibt Erfahrungen mit Gott, die noch in der Verborgenheit gehütet werden müssen. Würde man sie weitererzählen, könnten sie ihren Geheimnischarakter, ihren verborgenen Glanz verlieren.

21b: Er versteckt sich im Troß, er drängt sich nicht in die Berufung hinein!

26b: „Deren Herz Gott berührt hatte": Das also gibt es!

27b: „Er aber tat, als merkte er es nicht." Dazu 11,12–13: Das große Herz des Anfangs!

11,5: Er ist kein orientalischer Fürst.

(Die Herrschaft Sauls: 13,1–22)

13 1 Saul war ... Jahre alt, als er König wurde, und er regierte zwei ... Jahre über Israel. 2 Saul wählte sich dreitausend Mann aus Israel aus, zweitausend davon waren bei Saul in Michmas und auf dem Berg von Bet-El, und tausend waren bei Jonatan in Gibea-Benjamin. Den Rest des Volkes entließ er, jeden zu seinem Zelt. 3 Jonatan erschlug den Vogt der Philister, der in Geba saß, die Philister hörten davon. Saul aber ließ im ganzen Land das Widder-

horn blasen und ausrufen: Die Hebräer sollen es hören.
4 Und ganz Israel hörte die Kunde: Saul hat den Vogt der
Philister erschlagen, und dadurch hat sich Israel bei den
Philistern verhaßt gemacht. Das Volk wurde aufgeboten,
Saul nach Gilgal zu folgen. 5 Die Philister versammelten
sich zum Kampf gegen Israel; sie hatten dreitausend Wa-
gen und sechstausend Wagenkämpfer und ein Heer so
zahlreich wie der Sand am Ufer des Meeres. Sie zogen her-
auf und schlugen bei Michmas, östlich von Bet-Awen, ihr
Lager auf. 6 Als die Israeliten sahen, daß sie in Gefahr ge-
rieten und daß das Volk bedrängt wurde, versteckten sie
sich in Höhlen, Schlupflöchern, Felsspalten, Gruben und
Zisternen. 7 Viele gingen über den Jordan in das Land
Gad und Gilead. Saul war noch in Gilgal, und das ganze
Volk, das ihm gefolgt war, hatte große Angst. 8 Er wartete
in Gilgal sieben Tage auf Samuel, wie vereinbart, aber Sa-
muel kam nicht. Als ihm nun das Volk davonlief, 9 sagte
Saul: Bringt das Brandopfer und die Heilsopfer zu mir her!
Und er brachte das Opfer dar. 10 Gerade als er mit der Dar-
bringung des Opfers fertig war, kam Samuel. Saul ging
ihm entgegen, um ihn zu begrüßen. 11 Samuel aber fragte:
Was hast du getan? Saul antwortete: Weil ich sah, daß
mir das Volk davonlief und du nicht zu dem vereinbarten
Zeitpunkt gekommen bist und die Philister sich bei Mich-
mas versammel haben, 12 dachte ich: Jetzt werden die Phi-
lister gegen mich nach Gilgal herabziehen, noch ehe ich
den Herrn gnädig gestimmt habe. Darum habe ich es ge-
wagt, das Brandopfer darzubringen. 13 Samuel erwiderte
Saul: Du hast töricht gehandelt: Hättest du den Befehl be-
folgt, den dir der Herr, dein Gott, gegeben hat, dann hätte
er jetzt deine Herrschaft über Israel für immer gefestigt.
14 Nun aber wird deine Herrschaft keinen Bestand haben.

Der Herr hat sich einen Mann nach seinem Herzen gesucht und ihn zum Fürsten seines Volkes gemacht. Denn du hast nicht befolgt, was der Herr dir befohlen hat.

[15]Danach brach Samuel auf und ging von Gilgal nach Gibea-Benjamin hinauf. Saul musterte das Volk, das noch bei ihm war; es waren etwa sechshundert Mann.
[16]Saul, sein Sohn Jonatan und die Leute, die noch bei ihnen waren, standen bei Geba-Benjamin, während die Philister ihr Lager bei Michmas hatten. [17]Da zogen aus dem Lager der Philister drei Abteilungen aus, um zu plündern. Eine Abteilung wandte sich in Richtung Ofra im Gebiet von Schual; [18]die zweite Abteilung zog in Richtung Bet-Horon, und die dritte Abteilung wandte sich in Richtung auf den Hügel, der über das Hyänental weg in die Wüste hinüberschaut.

[19]Damals war im ganzen Land kein Schmied zu finden. Denn die Philister hatten sich gesagt: Die Hebräer sollen sich keine Schwerter und Lanzen machen können.
[20]Alle Israeliten mußten zu den Philistern hinabgehen, wenn jemand sich eine Pflugschar, eine Hacke, eine Axt oder eine Sichel schmieden lassen wollte. [21]Der Preis für das Schärfen der Pflugscharen, der Hacken, des Dreizacks und der Äxte und das Einsetzen des Ochsenstachels betrug ein Pim. [22]Als es nun zum Krieg kam, fand sich im ganzen Volk, das bei Saul und Jonatan war, weder ein Schwert noch ein Speer. Nur Saul und sein Sohn Jonatan hatten (solche Waffen).

Die Lebensaufgabe Sauls war, die Philister klein zu halten. Saul ist der erste König in Israel. (Dieses Königtum dauert bis 587, wo es schrecklich für immer zu Ende ging.) Die Philister sind militärisch weit überlegen. Sie hatten Kampfwagen, die mit je zwei Mann besetzt waren. Solches hatte Israel nicht. Man beachte die Verse 19–22. Die Philister hatten die Israeliten offenbar radikal abgerüstet.

Die Verse 8–14 enthalten die entscheidende erste Ansage, daß Saul scheitern wird: Er vertraut nicht! Er sichert sich ab! Diese Ansage bereitet die Verwerfung Sauls in Kapitel 15 vor.

(Krieg gegen die Amalekiter. Sauls Verstoßung: 15,1–35)

15 [1]Samuel sagte zu Saul: Der Herr hatte mich gesandt, um dich zum König seines Volkes Israel zu salben. Darum gehorche jetzt den Worten des Herrn! [2]So spricht der Herr der Heere: Ich habe beobachtet, was Amalek Israel angetan hat: Es hat sich ihm in den Weg gestellt, als Israel aus Ägypten heraufzog. [3]Darum zieh jetzt in den Kampf, und schlag Amalek! Weihe alles, was ihm gehört, dem Untergang! Schone es nicht, sondern töte Männer und Frauen, Kinder und Säulinge, Rinder und Schafe, Kamele und Esel! [4]Saul bot das Volk auf und musterte es in Telaim. Es waren zweihunderttausend Mann Fußvolk [und zehntausend Mann aus Juda']. [5]Saul rückte bis zur Stadt der Amalekiter vor und legte im Bachtal einen Hinterhalt. [6]Den Kenitern aber ließ er sagen: Auf, zieht fort, verlaßt das Gebiet der Amalekiter, damit ich euch nicht zusammen mit ihnen vernichte; denn ihr habt euch gegenüber allen Israeliten freundlich verhalten, als sie aus Ägypten heraufzogen. Da verließen die Keniter das Gebiet der Amalekiter. [7]Saul aber schlug die Amalekiter (im ganzen Gebiet) zwischen Hawila und der Gegend von Schur, das Ägypten gegenüberliegt. [8]Agag, den König von Amalek, brachte er lebend in seine Gewalt; das ganze

Volk aber weihte er mit scharfem Schwert dem Unter-
gang. [9]Saul und das Volk schonten Agag, ebenso auch
die besten von den Schafen und Rindern, nämlich das
Mastvieh und die Lämmer, sowie alles, was sonst noch
wertvoll war. Das wollten sie nicht dem Untergang wei-
hen. Nur alles Minderwertige und Wertlose weihten sie
dem Untergang.

[10]Deshalb erging das Wort des Herrn an Samuel: [11]Es
reut mich, daß ich Saul zum König gemacht habe. Denn
er hat sich von mir abgewandt und hat meine Befehle
nicht ausgeführt. Das verdroß Samuel sehr, und er schrie
die ganze Nacht zum Herrn. [12]Am nächsten Morgen
machte sich Samuel auf den Weg und ging Saul entgegen.
Man hatte Samuel mitgeteilt: Saul ist nach Karmel ge-
kommen und hat sich (dort) ein Denkmal errichtet; dann
ist er umgekehrt und nach Gilgal hinab weitergezogen.
[13]Als Samuel nun zu Saul kam, sagte Saul zu ihm: Geseg-
net seist du vom Herrn. Ich habe den Befehl des Herrn
ausgeführt. [14]Samuel erwiderte: Und was bedeutet dieses
Blöken von Schafen, das mir in die Ohren dringt, und das
Gebrüll der Rinder, das ich da höre? [15]Saul antwortete:
Man hat sie aus Amalek mitgebracht, weil das Volk die
besten von den Schafen und Rindern geschont hat, um
sie dem Herrn, deinem Gott, zu opfern. Das übrige haben
wir dem Untergang geweiht. [16]Da sagte Samuel zu Saul:
Hör auf! Ich will dir verkünden, was der Herr mir heute
nacht gesagt hat. Saul antwortete: Sprich! [17]Samuel sagte:
Bist du nicht, obwohl du dir gering vorkommst, das
Haupt der Stämme Israels? Der Herr hat dich zum König
von Israel gesalbt. [18]Dann hat dich der Herr auf den Weg
geschickt und gesagt: Geh und weihe die Amalekiter, die
Übeltäter, dem Untergang; kämpfe gegen sie, bis du sie

vernichtet hast. [19]Warum hast du nicht auf die Stimme
des Herrn gehört, sondern hast dich auf die Beute gestürzt
und getan, was dem Herrn mißfällt? [20]Saul erwiderte Sa-
muel: Ich habe doch auf die Stimme des Herrn gehört; ich
bin den Weg gegangen, auf den der Herr mich geschickt
hat; ich habe Agag, den König von Amalek, hergebracht
und die Amalekiter dem Untergang geweiht. [21]Aber das
Volk hat von der Beute einige Schafe und Rinder genom-
men, das Beste von dem, was dem Untergang geweiht
war, um es dem Herrn, deinem Gott, in Gilgal zu opfern.
[22]Samuel aber sagte:

Hat der Herr an Brandopfern und Schlachtopfern
das gleiche Gefallen
wie am Gehorsam gegenüber der Stimme des Herrn?
Wahrhaftig, Gehorsam ist besser als Opfer,
Hinhören besser als das Fett von Widdern.
[23]Denn Trotz ist ebenso eine Sünde wie die Zauberei,
Widerspenstigkeit ist ebenso [schlimm]
wie Frevel und Götzendienst.
Weil du das Wort des Herrn verworfen hast,
verwirft er dich als König.

[24]Da sagte Saul zu Samuel: Ich habe gesündigt; denn
ich habe mich über den Befehl des Herrn und deine An-
weisungen hinweggesetzt, ich habe mich vor dem Volk
gefürchtet und auf seine Stimme gehört. [24]Darum nimm
doch die Sünde von mir weg, und kehr mit mir zurück,
damit ich den Herrn anbete. [26]Samuel erwiderte Saul: Ich
kehre nicht mit dir zurück; denn du hast das Wort des
Herrn verworfen, und nun hat der Herr dich verworfen,
so daß du nicht mehr König von Israel sein kannst. [27]Als
Samuel sich umwandte, um wegzugehen, griff Saul nach
dem Zipfel seines Mantels, doch der riß ab. [28]Da sagte Sa-

muel zu ihm: So entreißt dir heute der Herr die Herrschaft über Israel und gibt sie einem anderen, der besser ist als du. [29]*Er, der ewige Ruhm Israels, kann weder lügen noch bereuen. Er ist doch kein Mensch, so daß er etwas bereuen müßte.* [30]*Saul erwiderte: Ich habe gesündigt, erweise mir aber jetzt vor den Ältesten des Volkes und vor Israel die Ehre, mit mir zurückzukehren, damit ich den Herrn, deinen Gott anbete.* [31]*Da kehrte Samuel um und folgte Saul, und Saul betete den Herrn an.* [32]*Darauf sagte Samuel: Bringt Agag, den König von Amalek, zu mir! Agag wurde in Fesseln zu ihm gebracht und sagte: Wahrhaftig, die Bitterkeit des Todes ist gewichen.* [33]*Samuel aber erwiderte:*

Wie dein Schwert die Frauen um ihre Kinder gebracht,
so sei unter den Frauen deine Mutter kinderlos gemacht.

Und Samuel hieb vor den Augen des Herrn in Gilgal Agag in Stücke. [34]*Dann ging Samuel nach Rama, und Saul zog hinauf in sein Haus nach Gibea-Saul.*

[35]*Samuel sah Saul vor dem Tag seines Todes nicht mehr. Samuel trauerte um Saul, weil es den Herrn reute, daß er Saul zum König über Israel gemacht hatte.*

Es ist das entscheidende Kapitel. Wie schwer ist es, mit solchem Bericht fertig zu werden! Mit den Versen 2–3 und 32–33!

„Für den Gesamtverfasser stellen die Angaben des Kap. 13, das ja nicht ausdrücklich von der Verwerfung spricht, das Wetterleuchten dar, während in Kap. 15 dann das Gewitter niedergeht" (Hertzberg).

Amalek ist von Anfang an *der* Feind Israels. Als der Mosestamm in das Verheißene Land einziehen wollte, stellten sich die Amalekiter, Beduinen der Südsteppe, ihnen entgegen. Sie stellten sich also der Weisung Jahwes entgegen. Daher der Bannspruch. Saul ist dazu gesalbt worden, die Weisung Jahwes zum Erfolg zu führen. Von daher ist zu ermessen, daß der nicht vollständig ausgeführte Bann so folgenreich für Saul war.

Der Leser wird sich schwertun, die „Reue" Gottes zu verstehen: „Es reut mich, daß ich Saul zum König gemacht habe. Denn er hat sich von mir abgewandt und hat meine Befehle nicht ausgeführt" (vgl. aber V. 29). Auch Samuel hat sich offenbar sehr schwer getan, diese „Reue" Gottes zu verstehen. Er *schreit* die ganze Nacht zum Herrn (V. 11b).

Ahnungslos und offenbar ohne Schuldbewußtsein kommt Saul ihm am anderen Morgen entgegen: „Gesegnet seist du vom Herrn. Ich habe den Befehl des Herrn ausgeführt" (V. 13).

Ist denn die Schonung so verwerflich gewesen? Sollte nicht das verschonte Vieh zum Opfer für Jahwe gebracht werden?

Entscheidender Schlüssel für das Verstehen sind die Verse 22 und 23. „Das Werkzeug, das der Herr benutzt, muß sich völlig seiner Hand einfügen, also zuverlässig sein. Hier liegt die theologische, also die eigentliche und maßgebende Kritik an König Saul" (Hertzberg).

VV. 34–35: Von jetzt ab gehen die Wege Samuels und Sauls für immer auseinander. Die Anfangsliebe Samuels für Saul, den erstgesalbten König, wird noch spürbar. Samuel beugt sich schmerzlich dem Spruch Jahwes.

(Saul bei der Totenbeschwörerin von En-Dor: 28,3–25)

3 Samuel war gestorben, und ganz Israel hatte die Totenklage für ihn gehalten und ihn in seiner Stadt Rama be-

graben. Saul aber hatte die Totenbeschwörer und die Wahrsager aus dem Land vertrieben. 4 Als sich die Philister gesammelt hatten, rückten sie heran und schlugen bei Schunem ihr Lager auf. Saul versammelte ganz Israel, und sie schlugen ihr Lager im (Bergland von) Gilboa auf. 5 Als Saul das Lager der Philister sah, bekam er große Angst, und sein Herz begann zu zittern. 6 Da befragte Saul den Herrn, aber der Herr gab ihm keine Antwort, weder durch Träume noch durch die Losorakel, noch durch die Propheten. 7 Daher sagte Saul zu seinen Dienern: Sucht mir eine Frau, die Gewalt über einen Totengeist hat; ich will zu ihr gehen und sie befragen. Seine Diener antworteten ihm: In En-Dor gibt es eine Frau, die über einen Totengeist Gewalt hat. 8 Da machte sich Saul unkenntlich, zog andere Kleider an und ging mit zwei Männern zu der Frau. Sie kamen in der Nacht bei der Frau an, und er sagte zu ihr: Wahrsage mir durch den Totengeist! Laß für mich den heraufsteigen, den ich dir nenne. 9 Die Frau antwortete ihm: Du weißt doch selbst, was Saul getan hat: Er hat die Totenbeschwörer und die Wahrsager im Land ausgerottet. Warum stellst du mir eine Falle, um mich zu töten? 10 Saul aber schwor ihr beim Herrn und sagte: So wahr der Herr lebt: Es soll dich in dieser Sache keine Schuld treffen. 11 Die Frau sagte: Wen soll ich für dich heraufsteigen lassen? Er antwortete: Laß Samuel für mich heraufsteigen! 12 Als die Frau Samuel erblickte, schrie sie laut auf und sagte zu Saul: Warum hast du mich getäuscht? Du bist ja Saul! 13 Der König sagte zu ihr: Hab keine Angst! Was siehst du denn? Die Frau antwortete Saul: Ich sehe einen Geist aus der Erde heraufsteigen. 14 Er fragte sie: Wie sieht er aus? Sie antwortete: Ein alter Mann steigt herauf; er ist in einen Mantel gehüllt. Da erkannte

Saul, daß es Samuel war. Er verneigte sich mit dem Ge-
sicht zur Erde und warf sich zu Boden. 15 Und Samuel
sagte zu Saul: Warum hast du mich aufgestört und mich
heraufsteigen lassen? Saul antwortete: Ich bin in großer
Bedrängnis. Die Philister führen Krieg gegen mich, und
Gott ist von mir gewichen und hat mir keine Antwort
mehr gegeben, weder durch die Propheten noch durch die
Träume. Darum habe ich dich gerufen, damit du mir
sagst, was ich tun soll. 16 Samuel erwiderte: Warum fragst
du mich? Der Herr ist doch von dir gewichen und ist dein
Feind geworden. 17 Er hat getan, was er durch mich ange-
kündigt hatte. Der Herr hat dir das Königstum aus der
Hand gerissen und hat es einem anderen, nämlich David,
gegeben. 18 Weil du nicht auf die Stimme des Herrn gehört
und seinen glühenden Zorn an Amalek nicht vollstreckt
hast, darum hat dir der Herr heute das getan. 19 Der Herr
wird auch Israel zusammen mit dir in die Gewalt der Phi-
lister geben, und morgen wirst du samt deinen Söhnen
bei mir sein; auch das Heerlager Israels wird der Herr in
die Gewalt der Philister geben. 20 Da fiel Saul der Länge
nach jäh zu Boden; so sehr war er über die Worte Samuels
erschrocken. Es war auch keine Kraft mehr in ihm, weil
er den ganzen Tag und die ganze Nacht keinen Bissen ge-
gessen hatte. 21 Die Frau ging zu Saul hin und sah, daß er
ganz verstört war; sie sagte zu ihm: Deine Magd hat auf
deine Stimme gehört; ich habe mein Leben aufs Spiel ge-
setzt, als ich auf das hörte, was du zu mir gesagt hast.
22 Jetzt aber höre auch du auf die Stimme deiner Magd!
Ich will dir ein Stück Brot zum Essen geben. Dann wirst
du wieder zu Kräften kommen und kannst deines Weges
gehen. 23 Er aber weigerte sich und sagte: Ich esse nichts.
Doch seine Diener und die Frau drängten ihn, bis er auf

ihre Stimme hörte. Er erhob sich vom Boden und setzte sich aufs Bett. [24]Die Frau hatte ein Mastkalb im Haus. Sie schlachtete es in aller Eile, nahm Mehl, knetete Teig und backte ungesäuerte Brote. [25]Das alles setzte sie Saul und seinen Knechten vor; sie aßen, standen auf und gingen noch in der gleichen Nacht zurück.

Ein bewegender Bericht! Wir erkennen das Schwankende in Saul. Er hatte in seinem Land die Totenbeschwörer verboten. Jetzt geht er selbst zu einer Totenbeschwörerin. Wir erfahren, daß Gott nicht mehr antwortet. Es sieht so aus, als sei nun ein Schlußstrich unter Sauls Leben gezogen. Die Auskunft der Seherin ist so, daß Saul zu Boden gefällt wird. Als die Frau den Zusammenbruch Sauls erlebt, erwacht in ihr das Mütterliche. Bewegend auch der Schlußsatz: „Sie standen auf und gingen noch in der gleichen Nacht zurück." Sie gehen in die Nacht hinein, und diese Nacht ist ein Bild für das Schicksal, das Saul am kommenden Tag erfahren wird. Ist Saul von Gott fallengelassen worden? Er geht dem Untergang entgegen. Und doch, so scheint mir, können wir diesen Bericht nicht lesen ohne Anteilnahme und ohne Sympathie für Saul. Wir fragen uns auch: Ist dieser Gott, der uns so entgegenkommt, der Gott Jesu Christi?

V. 19: „Und morgen wirst du samt deinen Söhnen bei mir sein": die Unterwelt, das Schattenreich.

(Sauls Ende: 31,1–13)

31 [1]Als die Philister gegen Israel kämpften, flohen die Israeliten vor ihnen, viele waren gefallen und lagen erschlagen auf dem Gebirge von Gilboa. [2]Die Philister verfolgten Saul und seine Söhne und erschlugen Sauls Söhne Jona-

*tan, Abinadab und Malkischua. [3]Um Saul selbst ent-
stand ein schwerer Kampf. Die Bogenschützen hatten ihn
getroffen, und er war sehr schwer verwundet. [4]Da sagte
Saul zu seinem Waffenträger: Zieh dein Schwert, und
durchbohre mich damit! Sonst kommen diese Unbe-
schnittenen, durchbohren mich und treiben ihren Mut-
willen mit mir. Der Waffenträger wollte es nicht tun;
denn er hatte große Angst. Da nahm Saul selbst das
Schwert und stürzte sich hinein. [5]Als der Waffenträger
sah, daß Saul tot war, stürzte auch er sich in sein Schwert
und starb zusammen mit Saul. [6]So kamen Saul, seine
drei Söhne, sein Waffenträger und alle seine Männer an
jenem Tag gemeinsam ums Leben. [7]Als die Israeliten auf
der anderen Seite der Ebene und jenseits des Jordan sa-
hen, daß die Israeliten geflohen und daß Saul und seine
Söhne tot waren, verließen sie ihre Städte und flohen.
Dann kamen die Philister und besetzten die Städte.*

*[8]Als am nächsten Tag die Philister kamen, um die Er-
schlagenen auszuplündern, fanden sie Saul und seine
drei Söhne, die auf dem Gebirge von Gilboa gefallen wa-
ren. [9]Sie schlugen ihm den Kopf ab, zogen ihm die Rü-
stung aus und schickten beides im Land der Philister
umher, um ihrem Götzentempel und dem Volk die Sie-
gesnachricht zu übermitteln. [10]Die Rüstung Sauls legten
sie im Astartetempel nieder; seinen Leichnam aber hefte-
ten sie an die Mauer von Bet-Schean.*

*[11]Als die Einwohner von Jabesch-Gilead hörten, was
die Philister mit Saul gemacht hatten, [12]brachen alle
kriegstüchtigen Männer auf, marschierten die ganze
Nacht hindurch und nahmen die Leiche Sauls und die
Leichen seiner Söhne von der Mauer von Bet-Schean ab;
sie brachten sie nach Jabesch und verbrannten sie dort.*

13 Dann nahmen sie die Gebeine, begruben sie unter der
Tamariske von Jabesch und fasteten sieben Tage lang.

Das große Ende der Tragödie. Ein eindrucksvoller Bericht von großem, strengem Ernst.

Der Waffenträger wagt es nicht, den Gesalbten des Herrn zu töten. Hertzberg schreibt zum Abschluß des Berichtes: „So klingt das Leben Sauls nicht in Schändung, sondern in Ehrung aus, wie es dem Gesalbten des Herrn gebührt."

(Sauls Tod und Davids Klage: 2 Samuel 1,1–27)
1 Als David nach dem Tod Sauls von seinem Sieg über die
Amalekiter zurückgekehrt war und sich zwei Tage lang
in Ziklag aufgehalten hatte, 2 kam am dritten Tag ein
Mann aus dem Lager Sauls, mit zerrissenen Kleidern und
Staub auf dem Haupt. Als er bei David angelangt war,
warf er sich (vor ihm) auf den Boden nieder und huldigte
ihm. 3 David fragte ihn: Woher kommst du? Er antwor-
tete ihm: Ich habe mich aus dem Lager Israels gerettet.
4 David sagte zu ihm: Wie stehen die Dinge? Berichte mir!
Er erwiderte: Das Volk ist aus dem Kampf geflohen, viele
von den Männern sind gefallen und umgekommen; auch
Saul und sein Sohn Jonatan sind tot. 5 David fragte den
jungen Mann, der ihm die Nachricht brachte: Woher
weißt du, daß Saul und sein Sohn Jonatan tot sind? 6 Der
junge Mann, der ihm die Nachricht brachte, sagte: Ich
kam zufällig auf das Gebirge von Gilboa; da sah ich, wie
sich Saul auf seinen Speer stürzte und Kriegswagen und
Reiter auf ihn eindrangen. 7 Er wandte sich um, und als
er mich sah, rief er mich. Ich antwortete: Hier bin ich. 8 Er
fragte mich: Wer bist du? Ich gab ihm zur Antwort: ich

bin ein Amalekiter. 9 Da sagte er zu mir: Komm her zu
mir, und töte mich! Denn mich hat ein Schwächeanfall
erfaßt, aber noch ist alles Leben in mir. 10 Ich ging also zu
ihm hin und tötete ihn; denn ich wußte, daß er seine Nie-
derlage nicht überleben würde. Dann nahm ich den Stirn-
reif, den er auf dem Kopf trug, und die Spange, die er am
Arm hatte und bringe sie nun hierher zu meinem Herrn.
11 Da faßte David sein Gewand und zerriß es, und ebenso
(machten es) alle Männer, die bei ihm waren. 12 Sie klag-
ten, weinten und fasteten bis zum Abend wegen Saul, sei-
nes Sohnes Jonatan, des Volkes des Herrn und des Hauses
Israel, die unter dem Schwert gefallen waren. 13 Und Da-
vid fragte den jungen Mann, der ihm die Nachricht ge-
bracht hatte: Woher bist du? Er antwortete: Ich bin der
Sohn eines Einwanderers aus Amalek. 14 David fragte ihn:
Wie kommt es, daß du dich nicht davor gefürchtet hast,
deine Hand auszustrecken, um den Gesalbten des Herrn
umzubringen? 15 Darauf rief David einen von seinen jun-
gen Männern zu sich und sagte: Komm her, stoß ihn nie-
der! Und er schlug ihn tot. 16 David aber sagte zu ihm:
Dein Blut über dein Haupt; denn dein Mund hat dich ver-
urteilt, als du sagtest: Ich habe den Gesalbten des Herrn
getötet.

17 Und David sang die folgende Totenklage auf Saul
und seinen Sohn Jonatan; 18 er sagte, man solle es die
Söhne Judas als Bogenlied lehren; es steht im „Buch des
Aufrechten“:

19 Israel, dein Stolz
liegt erschlagen auf deinen Höhen.
Ach, die Helden sind gefallen!
20 Meldet es nicht in Gat,
verkündet es nicht auf Aschkelons Straßen,

damit die Töchter der Philister sich nicht freuen,
damit die Töchter der Unbeschnittenen nicht jauchzen.
21 *Ihr Berge in Gilboa, kein Tau und kein Regen*
falle auf euch, ihr trügerischen Gefilde.
Denn dort wurde der Schild der Helden befleckt,
der Schild des Saul, als wäre er nicht mit Öl gesalbt.
22 *Ohne das Blut von Erschlagenen,*
ohne das Mark der Helden
kam der Bogen Jonatans nie zurück;
auch das Schwert Sauls
kehrte niemals erfolglos zurück.
23 *Saul und Jonatan, die Geliebten und Teuren,*
im Leben und Tod sind sie nicht getrennt.
Sie waren schneller als Adler,
waren stärker als Löwen.
24 *Ihr Töchter Israels, um Saul müßt ihr weinen;*
er hat euch in köstlichen Purpur gekleidet,
hat goldenen Schmuck auf eure Gewänder geheftet.
25 *Ach, die Helden sind gefallen mitten im Kampf.*
Jonatan liegt erschlagen auf deinen Höhen.
26 *Weh ist mir um dich, mein Bruder Jonatan.*
Du warst mir sehr lieb.
Wunderbarer war deine Liebe für mich
als die Liebe der Frauen.
27 *Ach, die Helden sind gefallen,*
die Waffen des Kampfes verloren.

Der Amalekiter ist offenbar ein Lügner. Vielleicht war er ein Leichenfledderer. Groß ist die Trauer Davids über Saul, der doch in einer unüberwindlichen Haßliebe zu David gestanden hatte.

Das hochberühmte Klagelied über Saul und Jonatan,

ein Hoch-Werk der poetischen Literatur. Bewegend der Klang, der aus der Freundschaft zu Jonatan kommt.

Woran ist Saul gescheitert? Ich erinnere zunächst an das Wort von Gerhard von Rad: „Das läßt dieses Bild von Saul klar erkennen, daß das Leben des Gesalbten noch unter anderen Gesetzen stand als das der gewöhnlichen Menschen und daß es von der Möglichkeit eines viel schrecklicheren Scheiterns bedroht war."

Noch einmal: Warum war Saul „nicht nach dem Herzen Gottes"? Saul ist der erstberufene König. Ein solcher Anfang, aus dem das Spätere hervorwachsen soll, muß ganz rein sein. Es darf nicht schon im Anfang der Keim des Zwiespältigen gelegt sein.

Alles wies darauf hin, daß Saul geeignet war als Ahnherr eines Königsgeschlechtes für das Gottesvolk. Seine hohe eindrucksvolle Gestalt und Schönheit, seine Kraft und Tapferkeit, seine bescheidene Zurückhaltung bei der Berufung, seine offensichtliche Frömmigkeit. Aber durch diese Frömmigkeit geht doch ein feiner Riß. Bei einem einfachen Mann aus dem Volk mag solcher Riß kaum von Bedeutung sein. Aber bei einem zum außerordentlichen Werkzeug Gottes Berufenen ist ein solcher Riß verhängnisvoll.

Dieser Riß in Sauls Frömmigkeit, eine Art Unsicherheit gegenüber Gott, zeigt sich in zwei Ereignissen. Zuerst in Kapitel 13, als er mit dem Opfer nicht warten kann, bis Samuel gekommen ist; und dann entscheidend in Kapitel 15, als er den von Gott befohlenen Bann nicht vollständig ausführt. Gerade dies letztere muß dem heutigen Leser äußerst befremdlich vorkommen. Als Saul gegen die Amalekiter zu Felde zieht, sagt Gott (15,3): „Schlag Amalek! Weihe alles, was ihm gehört, dem Untergang! Schone es nicht, sondern töte Männer und Frauen, Kinder und Säuglinge, Rinder und Schafe, Kamele und Esel!" Nach dem Sieg heißt es in V. 9: „Saul und das Volk schonten Agag (den König von Amalek), ebenso auch die besten von den Schafen und Rindern, nämlich das Mastvieh und die Lämmer, sowie alles, was sonst noch wertvoll war." Auch als Saul nachher, sich rechtfertigend, zu Samuel sagt: „Man hat sie aus Amalek mitgebracht, weil das Volk die besten von den Schafen und Rindern geschont hat, um sie dem Herrn, deinem Gott, zu opfern", ergeht der vernichtende Urteilsspruch der Verwerfung über Saul.

Um dies zu verstehen, müssen wir einen Augenblick innehalten. Jede Zeit macht ihre Erfahrungen mit Gott. Das „Material", an dem diese Erfahrungen gemacht werden, ist zeitgeschichtlich bedingt. Dieses „Material" kann für unser heutiges Bewußtsein und vom Gottesbild Jesu her völlig fremd, ja unpassend sein. Der Gott, der Saul den Bannspruch aufträgt, ist nicht der Gott Jesu Christi. Es ist das Gottesbewußtsein der damaligen Zeit, aus dem ein solcher Bannspruch erwachsen kann.

Dennoch geht es hier um Offenbarung des wahren Gottes. Wir müssen zu entdecken versuchen, was in dem fremden, religionsgeschichtlich zu erklärenden „Material" das für immer und auch für uns Gemeinte ist. Und das ist hier in dieser Geschichte ein Zweifaches. Zuerst: Gott ist der Herr! Ihm gehört alles! Daß dieser Gott der Gott unendlichen Erbarmens ist, der Gott des Lebens, das wird im Laufe der Jahrhunderte immer deutlicher werden, bis es in Jesus ganz offen ins Licht tritt. Und das zweite: Von einem zum außerordentlichen Werkzeug Berufenen erwartet Gott reines Vertrauen, reinen Gehorsam! Das wird ja auch in Samuels Spruch ganz deutlich: „Hat der Herr an Brandopfern und Schlachtopfern das gleiche Gefallen wie am Gehorsam gegenüber der Stimme des Herrn? Wahrhaftig, Gehorsam ist besser als Opfer, Hinhören besser als das Fett von von Widdern!" (15,22).

An den beiden entscheidenden Stellen in Kapitel 13 und 15 geht es um das reine Vertrauen und um den reinen Gehorsam. Wenn auf dem ersten König seines Volkes Gottes Geist ganz ruhen soll, dann muß dieser erste ein Mann solchen reinen Vertrauens und Gehorsams sein. Das war Saul nicht. Eine an sich „vernünftige" und gutgemeinte Eigenregie warf den Schatten auf Sauls Gottesverhältnis. Dieser Riß, diese tiefe Unsicherheit Gott gegenüber wird dann schließlich überdeutlich in seinem Gang zu der „Hexe von Endor". Er ist aus dem Vertrauen herausgefallen. Daran ist Saul zerbrochen, gescheitert.

Weit in der Perspektive der Geschichte steht jener andere, einzige, der ganz rein gehorsam ist: „Ein Ohr hast du mir verliehen, siehe, ich komme, deinen Willen zu tun!"

Gerhard von Rad schreibt im Blick auf das von Saul begonnene Königtum in Israel: „Der Schutz Israels vor seinen Feinden – ehedem der alleinigen Zuständigkeit Jahwes unterstellt –, der wurde jetzt vom Königtum in eigene Regie genommen. In den Angriffen der großen Propheten gegen Bündnisse und Rüstungspolitik war die Kluft ins Riesenhafte gewachsen, und es ist erst wieder Friede geworden, als das Königtum wieder von der Geschichte abgetreten war."

Kleiner Exkurs

Vielleicht gibt es für den heutigen Leser noch eine andere Möglichkeit, solche Texte zu verstehen. So wie wir für das Beten der Psalmen angeleitet worden sind, in dem Feind, den wir nach den Worten der Psalmen ganz und gar niederwerfen und vernichten müssen, das Böse *in uns* zu sehen, das wir unerbittlich bekämpfen und vernichten müssen, so könnten wir auch hier in Amalek das Böse sehen, das uns in uns selbst tödlich bedroht. Haben nicht solche Texte, die uns die Bibel als Offenbarung überliefert, eine Bedeutung für uns, die über die damalige historische Situation weit hinausgeht?

In solcher Sicht: Amalek ist *der* Widersacher des Volkes Gottes, Amalek ist das Böse in mir, das Heidnisch-Gotteswidrige, das Eigen-Mächtige, das, was mich in meinem Wesen verfremden, verfälschen will; das, was meine wahre Berufung verderben will. In solcher Sicht wäre dann der Bannspruch Gottes, nichts von Amalek übrigzulassen, neu zu verstehen. In solcher Sicht wäre dann auch Sauls Verhalten, den König Agag von Amalek nicht zu töten und einen Teil der Herden Amaleks zu verschonen, als verhängnisvolles Fehlverhalten zu verstehen, das sich tödlich gegen Saul selbst richtet, als ichbefangene Halbheit, die sich nach außen hin vor dem eigenen Gewissen vielleicht als Weite und Großzügigkeit tarnt.

„Die (jüdische) Überlieferung erzählt, daß Agag in der einen Nacht, die er auf Grund der Schonung Sauls noch lebt, mit seiner Frau zusammen ist und ein Kind zeugt. Von dieser Linie stammt dann Haman, durch den Israel in große Gefahr gerät, gänzlich ausgerottet zu werden. Diese eine Nacht hat Agag genützt; am nächsten Tag erschlägt ihn Samuel ... Man sollte sich daran gewöhnen. Amalek nicht außen zu sehen", so schreibt Friedrich Weinreb in dem anregenden Büchlein: Selbstvertrauen und Depression (Thauros Verlag 1980).

In diesem Büchlein verlegt Weinreb die Saul-David-Geschichte in den einzelnen Menschen hinein. Saul, der Depressive, der das nicht leisten kann, was er David wie spielend vollbringen sieht; Saul, der sich selbst nicht annehmen kann. Und David: „Sein Leben ist Melodie, ein Tanz.

Das behagt unserer anderen Seite, der Saul-Seite, gar nicht. Sie möchte es umbringen, wie Saul David verfolgt ... Tief im Menschen leben die beiden Könige Saul und David ..."

Aber dann schreibt Weinreb auch diese bemerkenswerten Worte über Saul, über die nachzudenken sich lohnt: „Die Überlieferung sagt, daß Gott große Freude an den Psalmen Davids hat und ihn seinen Geliebten nennt; noch lieber aber ist ihm Saul, der leidet. Das will sagen: Von innen, vom Verborgenen her ist der Mensch schon gut und geliebt, aber die andere Seite braucht alle Zuwendung, denn sie leidet und ist gedrückt ... Wenn du leidest, dann bist du wirklich im Bilde Gottes, bist du, wie Gott hier erscheint ..."

Und wir? Sind wir in dieser Geschichte Sauls mit darin? Wir sind Getaufte, Erwählte, Gerufene. Wenn wir die Geschichte Sauls als Hintergrund nehmen, was erwartet Gott von uns? Er erwartet, daß wir in der Spur Jesu gehen. Was ist diese Spur? Er war der ganz Vertrauende, ganz Gehorchende! Die tiefe Übereinstimmung, das Sicheinfühlen in die Erwartung, in den Willen des Vaters: das war der wesentliche Zug seines Persongeheimnisses. Wenn es von ihm im Evangelium heißt, daß er sich in die Einsamkeit des Berges, der Nacht zurückzog, um zu beten, dann doch wohl, um sich einzufühlen in die Übereinstimmung mit seinem Vater. Die Schrift sagt ja von ihm, daß er Gehorsam *lernte!* (Hebr 5,8).

Vielleicht legt Gott an unser Vertrauen, an unseren Gehorsam einen anderen Maßstab an als an Menschen, die weniger von seiner Botschaft, seinem Anruf erreicht sind. Vielleicht erwartet er eine liebevollere Anschmiegsamkeit an das, was er lieber hat. Wir werden unser Verhalten immer wieder prüfen müssen, wie weit es vom Eigenentwurf bestimmt ist, in Absehung von dem, was

Gott lieber will. Ich glaube, daß diese Anschmiegsamkeit den Heiligen ausmacht.

Kann ich scheitern, kann ich als Priester scheitern – vor Gott (was etwas anderes ist als vor den Menschen)? Manchmal begegnet man einem Priesterleben, wo die Frage in einem aufsteigen will: Gescheitert? Ich möchte die Frage stehenlassen.

Nur dies weiß ich: Das Evangelium führt uns weiter, viel weiter in das Erbarmen Gottes hinein, als wir es in der Saulgeschichte erfahren. Auch Petrus stand am Rand des Scheiterns. Aber der Blick Jesu hat ihn aufgefangen. Und die dreifache Frage nach seiner Liebe hat ihn vollends verwandelt in die Gnade hinein.

Bei Josef Pieper las ich folgendes Zitat, das er in einer Rede in Mainz zur Tausendjahrfeier des Domes gesprochen hat. In Evelyn Waughs großem Roman „Wiedersehen mit Brideshead" wird eine Begebenheit erzählt, die im Herzen des Augenzeugen und Berichterstatters, der zugleich eine der Hauptpersonen der Geschichte ist, so etwas wie eine lebensentscheidende Katharsis bewirkt. Der Herr des Hauses Brideshead, Lord Marchmain, kehrt aus Venedig, wo er seit Jahren das Leben eines Genießers geführt hat, nach England zurück; ein inzwischen alter und kranker Mann kehrt heim, um zu sterben. Von Haus aus katholischer Christ, hat er, nach seinem eigenen Wort, niemals irgendeine Verantwortung für irgend etwas akzeptiert. Gott, Religion, Reinheit – für all das hat er nur haßerfüllten Spott.

Als es schließlich, nach einem quälenden Abnutzungskampf, zu Ende geht, wird doch der Priester gerufen. Die Pflegerin macht keinen Einwand: „Er nimmt ohnehin nichts mehr wahr." Der Pfarrer, ein wahrhaft geistlicher Mensch von eherner Einfalt, spricht den Sterbenden an; aber der ist schon zu schwach, zu antworten. „Machen Sie irgendein Zeichen, wenn Sie bereuen?" Aber es kam kein Zeichen. Der Ritus der sakramentalen Krankensalbung nimmt dennoch seinen Lauf. „Plötzlich" – so sagt nun der Berichterstattende –, „plötzlich bewegte Lord Marchmain die Hand zu seiner Stirn. Ich dachte, er habe wohl die Berührung mit dem Salböl gespürt und wolle es nun fortwischen. Aber die Hand bewegte sich langsam zu seiner Brust hinab, dann zu seiner Schulter ...: Lord Marchmain machte das Zeichen des Kreuzes." In eben diesem Augenblick geschieht, wie gesagt, auch in dem Berichterstatter eine sein weiteres Leben prägende Entscheidung. „Zu mir aber kam ein Satz aus der Kindheit zurück, der Satz von dem Vorhang im Tempel, der von oben bis unten zerriß."

Ja, der Vorhang vor Gottes Erbarmen ist zerrissen von oben bis unten. Der Weg seines Erbarmens zu unserem zerrissenen und verschatteten Herzen ist frei.

DIE FRAGEN

1. Wo ging in meiner Geschichte mit Gott ein Riß durch das Vertrauen zu Gott?

2. Wo war in meinem Leben eine Weichenstellung, die nicht aus der Anschmiegsamkeit an Gottes Willen geschah?

14

Wer es mit Gott zu tun bekommt,
der wird
ein Segen für andere

Abraham

[1]*„Der Herr sprach zu Abram: Zieh weg aus deinem Land, von deiner Verwandtschaft und aus deinem Vaterhaus in das Land, das ich dir zeigen werde.* [2]*Ich werde dich zu einem großen Volk machen, dich segnen und deinen Namen groß machen.* Ein Segen sollst du sein.

[3]*Ich will segnen, die dich segnen; wer dich verwünscht, den will ich verfluchen. Durch dich sollen alle Geschlechter der Erde Segen erlangen." (Gen 12,1–3)*

Mit diesen Versen beginnt etwas ganz Neues. *Einer* unter den Völkern wird erwählt, und es wird ihm etwas Unerhörtes zugesprochen: „Du sollst ein Segen sein! Durch dich sollen alle Geschlechter der Erde Segen erlangen." Also haben auch wir etwas mit diesem Ersten zu tun! Dieser Anfang in Abram ist der Anfang des Heils für einen jeden von uns!

Das Kapitel beginnt mit dem Wort: „Und Jahwe sprach ...": Gott beginnt, es geht das, was jetzt kommt, von Gottes Initiative aus. Muß es nicht gut werden? Immer beginnt Gott!

Aber es fängt nicht mit dem Segen an, sondern damit, daß der Mensch *herausgerufen* wird aus allem Bisherigen! Es steigert sich dramatisch: „Zieh weg aus deinem Land", dann, näherrückend: „von deiner Verwandtschaft", d.h. der Stammessippe; und schließlich: „aus deinem Vaterhaus": radikales Verlassen aller bisherigen Beheimatung. Gott rückt dem Menschen auf den Leib! Laß los! Alles! In dem Maße, in dem du loslässest, kann in deine Leere, in deine Hohlform meine Fülle, mein *Segen,* einströmen! Uralte, erste gleichnishafte Erfahrung des Menschen in seiner Geschichte mit Gott.

Segnet Gott nur, wo Loslassen, Leere ist? Was ist das

für ein Gott? Kann Gott die Besitzenden, die Reichen, die Festhaltenden, die Sichsichernden nicht segnen?

Wie kann Gottes Segen einströmen, wenn ich mich selber „segne" mit eigener Fülle? Mit Teil-Segen?

Da, wo *anfänglich* die Tendenz, die Sehnsucht ist, frei zu werden für Gott, offen zu werden für Gott, Raum zu schaffen für Gott: da kann Gott sich nähern als Segnender. *Grundsätzlich* ist Gott nicht bereit, nur einen Teilbereich meines Lebenshauses zu bewohnen. Er will in allen Räumen meines Lebenshauses wohnen – oder in keinem! Wo ich *grundsätzlich* auch nur einen einzigen Teilbereich meines Lebens *für mich* festhalte und ihn der Verfügbarkeit vor Gott entziehe, kann Gott überhaupt nicht segnen. Gott will alles! Radikal, d. h. bis auf die letzte Wurzel. Gott kommt in mir nur zur Ruhe, wenn ich aus der Mitte lebe, die er ist.

Freilich: *faktisch* schafft es wohl keiner von uns, *alles,* zu verlassen. Wo aber nur die *Ahnung* zugelassen wird: ich weiß, daß ich eigentlich Gott *alles* überlassen müßte; ich weiß, daß ich Gott *ganz* vertrauen müßte; und wo aus dieser Anfangsahnung – die Gott jedem von uns ins Herz legt! – ein *erster* kleiner Schritt des Loslassens, des Exodus auf Gott hin getan wird: da kann Gottes Segen sich nähern!

Ich fragte einen Theologiestudenten: Was ist eine Grundvoraussetzung für das Heiligwerden? Er gab zur Antwort: Ich glaube, es ist die Haltung der leeren Hände: zum Empfangen und zum Weiterschenken!

Gott sagt zu Abram: „Zieh weg aus deinem Land ... in das Land, das *ich* dir zeigen werde." Gott will nicht ins Leere, in die Armut führen, sondern in die Fülle: „Durch dich sollen alle Geschlechter der Erde Segen erlangen."

Gott sagt: „Du sollst ein Segen sein." Aber um das sein zu können, muß offenbar vorher ein langer Lernprozeß durchgemacht werden. Ein Segen kann ich nur sein, wenn Gott, der im Letzten einzig Segnende, durch mich durchkommen kann. Er kann aber nur durch mich durchkommen, wenn ich ich selbst bin, wenn ich lebenswahrhaftig bin. Ich muß lassen, was mich in eine Schein-Welt bringen will, was mich zur „Rolle", zur Maske machen will. Ich muß die *fremden* Skripts meines Elternhauses, meines Lebensmilieus verlassen, aus ihnen ausziehen, um wahr zu werden, um ich selbst zu werden.

In einem Gebet von Nikolaus von Kues (15. Jh.) spricht Gott zum Beter: „Sis tu tuus, et ego ero tuus – Sei du dein, und ich werde dein sein!" In dem Maße, in dem du du selbst bist, lebenswahrhaftig bist, *dein* Leben lebst, *deine* unvertauschbare menschliche Berufung lebst, in dem Maße kann Gott durch dich durchkommen, lebst du aus *der* Mitte, die Jesus den himmlischen Vater nennt! So muß ich also lassen, was nicht mein Eigenes werden kann, was mich festhalten, festlegen will in einer Rolle, die mir von meiner innersten Berufung her nicht angemessen ist. Hören auf die innere Wahrheitsstimme, die mich wegrufen möchte von den vielen Teil-Dingen, die mich vollstellen wollen, so daß keine wahre Offenheit, keine Sehnsucht, kein Durst nach dem wahren und eigentlichen Glück aufkommen kann.

Ich füge einen möglichen Einwand, eine mögliche Anfrage hinzu. Wir hatten gesagt: Wenn du ein Segen von Gott her für die Menschen, für die Welt sein willst, dann mußt du „ganz" sein, dann mußt du „rein" sein. Reinhold Schneider schreibt: „Es bedarf eines langen Lebens, vor allem eines begnadeten Endes, um segnen zu können. Segnen können nur die Reinen oder die wieder rein Gewordenen ... Segnen können diejenigen, die im Lichtkreis Christi stehen." Kann ich also, so könnte die Frage lauten, kein Segen sein, wenn ich nicht vollkommen bin, wenn ich immer wieder in *meine* Sünde falle, wenn ich – tiefenpsychologisch gesprochen – einen schweren Schatten mit mir trage, wenn ich eine Neurose habe, wenn ich – psychologisch gesprochen – nicht „austherapiert" bin, wenn ich von meinen charakterlichen und seelischen Gebrechen verwundet bin – kann ich dann kein Segen sein?

Ich bin sicher: auch dann kann ich ein Segen sein. Ja, vielleicht *gerade* dann. Nur: ich muß ein daran Leidender sein; meine Wunde kann die Offenheit sein, durch die Gott durchkommen kann, ich muß *wissen,* ich muß eingestehen und dazu stehen, daß ich ein *Armer* bin.

Ich bin von Gott unendlich geliebt, gesegnet. Wenn ich mich nur Gott und mir selbst stelle als der, der ich in Wahrheit bin!

Der Vers 1 in Gen 12,1–3 enthält die Voraussetzung, daß Abraham von Gott gesegnet werden kann. Mit Vers 2 beginnt die große Verheißung. Fünfmal steht in den beiden Versen 2 und 3 das Wort vom Segnen. Der Segen gilt Abraham und über ihn hinaus dann allen, die in guter Offenheit in das Segensfeld Abrahams gelangen.

Die Weitergabe des schöpferischen göttlichen Segenswortes ist das Segnen, das der Mensch vollzieht; sein Segnen ist ganz gebunden an das Segenswort Jahwes. Jahwe ist der Segnende. Der Inhalt des Segens ist: Leben! Ist Fruchtbarkeit, Sichmehren, Reifen, Frieden.

Hier ist die tiefe Wurzel der Menschheitsgeschichte: Segensverheißung! Segensauftrag!

Es liegt darin aber auch beschlossen die universale Bestimmung Israels, des Gottesvolkes, des von Gott zum Segnen Erwählten! Und so ist es begreiflich, daß das Neue Testament mehrfach diese grundlegende Segensverheißung wörtlich aufgreift (Apg 3,25; Gal 3,8).

Gott sagt zu Abraham: „Du sollst ein Segen sein!" Ist das nicht mehr als: Du sollst segnen?

Was heißt das: Segnen?

Das Wort „segnen" in der Bibel: barach (hebräisch), eulogein (griechisch), benedicere (lateinisch) kommt in einem zweifachen Sinne vor: zu Gott hin in der Bedeutung: lobpreisen, danksagende Lobpreisung (Ps 119,12: „Du bist baruch!" Gepriesen bist du, Gott!) und in der Bedeutung zum Menschen hin als Segnen: dem Menschen von Gott her das gute Wort zusagen, das Heilswort.

Im späteren Judentum und im Neuen Testament verschiebt sich die Verwendung dieses Wortes dahin, daß sein Gebrauch überwiegend im Sinne der Gottespreisung geschieht. Im Neuen Testament haben 40 der insgesamt 68 Belegstellen für eulogein mit dem Gotteslob zu tun.

Das deutsche Wort „segnen" ist ein christliches Lehnwort aus dem Lateinischen von signare: mit dem Kreuzzeichen bezeichnen. Was „segnen" im Sinne des Alten Testaments heißt, das erfahren wir ganz ausdrücklich in Num 6,22–27:

Der Herr sprach zu Mose: Sag zu Aaron und seinen Söhnen: So sollt ihr die Israeliten segnen; sprecht zu ihnen:

Der Herr segne dich und behüte dich.
Der Herr lasse sein Angesicht über dich leuchten
und sei dir gnädig.

Der Herr wende sein Angesicht dir zu
und schenke dir Heil.
So sollen sie meinen Namen auf die Israeliten legen, und ich werde sie segnen.

„So sollen sie meinen Namen auf die Israeliten legen": das also heißt segnen: den Namen Gottes auf einen Menschen, auf eine Gemeinde legen. Und der Name: das ist das Wesen! Im Namen sammelt sich das Wesen einer Person.

Das Antlitz Gottes möge sich dem Gesegneten hell und leuchtend zuwenden! Im Namen Gottes Heil zusprechen. *Das* gute Wort dem anderen zusprechen: *das* Wort des Lebens, des Heiles!

Es scheint, daß Gott es so will, daß sein Name, sein Heil, sein Leben *durch Menschen* anderen weitergegeben, zugesprochen werde. Es scheint, daß Gott dieses priesterliche Element des Menschlichen einbeziehen will. Das Fischernetz Gottes soll in menschlichen Segensbeziehungen zum Rettenden werden. Welche *Würde des Menschen,* daß er Segen sein kann und soll!

Der eine Mensch, durch den der Segen Gottes uns ganz nahe gekommen ist, ist Jesus. Auf ihn hat Gott seinen Namen ganz legen können. Jesus ist der Segen Gottes für uns! „Er hat uns mit allem Segen seines Geistes gesegnet durch unsere Gemeinschaft mit Christus" (Eph 1,3) und: „Für euch zuerst hat Gott seinen Knecht erweckt und gesandt, damit er euch segnet", so sagt Petrus in seiner Predigt in Apg 3,26.

Wie hat Jesus gesegnet? Wir erfahren, daß er ausdrücklich Kinder gesegnet hat. „Und er nahm die Kinder in seine Arme; dann legte er ihnen die Hände auf und segnete sie" (Mk 10,16). Bei der Himmelfahrt segnete er die Seinen: „Dort erhob er seine Hände und segnete sie. Und während er sie segnete, verließ er sie" (Lk 24,50f). Er hinterläßt den Seinen seinen Segen, seinen Frieden, sein Heil. (Ist dies nicht etwas sehr Bemerkenswertes: Am Anfang der Heilsgeschichte bei Abraham heißt es: Du sollst ein Segen sein. Und am Ende bei der Himmelfahrt Jesu heißt es: Während er sie segnete, verließ er sie. Der Segensauftrag am Anfang, der Segen Jesu Christi am Ende. Die große Klammer der Heilsgeschichte.)

Aber nicht der Ritus, mit dem Jesus gesegnet hat, steht im Blick, sondern: Er *war* ein Segen, indem er Gott ganz durchkommen ließ zu den Menschen hin, indem er wirklich ganz durchlässig war für Gottes Heilswillen zu den Menschen hin. Er ließ die Heilskraft Gottes, d.h. den Segen Gottes, der die unendliche Barmherzigkeit und Güte ist, durch sein Leben restlos und radikal durchkommen, und sei es um den Preis seines eigenen Lebens. Er hat das Ja Gottes ganz rein gelebt: für uns! *Und* er hat darin das Ja der Menschheit zu Gott hin ganz rein gesprochen (das „Segnen" der Menschen zu Gott hin). Er war der lauterste Segen in dieser zweifachen Hinsicht.

Wenn Segnen heißt: den Namen Gottes auf einen Menschen legen – wie hat Jesus das getan? Er hat den Namen Gottes auf den Menschen gelegt, und dieser Name Gottes heißt: Befreiung! Jesus hat im Namen Gottes, des Vaters, die Menschen befreit. Freiheit geben, Freiheit verschenken, das war sein Segen.

Er hat sie befreit von dem Gott, der Richter, Rächer und Strafender ist. Er hat sie befreit vom Lohn- und Gesetzesdenken. Er hat sie befreit von der Sünden- und Todesverlorenheit. Er hat sie befreit vom „Wie du mir, so ich dir". Er hat sie befreit von der unseligen Gleichung „Macht = Glück". Er hat sie befreit zu sich selbst. Er hat sie befreit zur Liebe.

Wo ich helfe, daß ein Mensch befreit wird zu dem hin, was er in Wahrheit sein soll, da bin ich ihm ein Segen. Wo ich helfe, daß aus Eingeschlossenheit eine Tür sich öffnet, da bin ich ein Segen. Wo ich helfe, daß eine menschliche Situation, ein Zusammenleben, eine Gesprächssituation, eine „Atmosphäre" sich öffnet auf Wahrheit, auf Gerechtigkeit, auf Sinn, auf Hoffnung hin, auf Liebe hin, da bin ich ein Segen. Freiheit verschenken – von Gott her – das heißt ein Segen sein!

Gott sagt zu Abraham nicht: Du sollst segnen, sondern er sagt: Du sollst ein Segen sein! Es ist also mehr als ein Ritus. Das Durchkommenlassen Gottes als Segen muß nicht immer ein worthaftes Segnen sein. Es kann sich in Augenblicken der Zuwendung, des rettenden Tuns vollziehen. Haben wir nicht schon die Redewendung gehört: Dieser Mensch war ein Segen für mich?

Wir setzen neu an. Mich besucht eine Frau, die von schweren Depressionen heimgesucht wird. Es ist ein schreckliches Leiden. Ein Leben wie am Rande eines Abgrundes. Als sie mir gegenübersaß und von ihrem Leiden und von ihrer so erlebten Ausweglosigkeit berichtete, ging mir durch den Sinn: Würdest du es wagen, diesem leidenden Menschen das Wort Gottes zuzusprechen: „Du sollst ein Segen sein"? Würdest du es einem Krebskranken zusprechen? Ich denke, ich müßte wohl erst mit dem Kranken einen weiten Weg zurücklegen, um dies sagen zu können: Segnung sein durch das Leid, durch die Lebenswunde. Verborgenes, nicht mit Worten ausgesprochenes Segnen zur Welt hin von dem Gott her, der in die Abgründe des Leids selber hineingegangen ist. Dessen Leiden, dessen Wunden die Rettung der Welt wurden. Compassio, mitleiden mit dem, der der Segen der Welt ist, weil er das Kreuz angenommen hat und das angenommene Kreuz sich wandelt in österliches Leben, in die große Befreiung hinein. Wenn wir zu Anfang gesagt haben: Ich muß Gott durch mein Leben durchkommen lassen, ich muß durchlässig werden für Gott, damit sein Segen durch mich hindurchkommen kann – wie könnte ich mehr durchlässig werden als durch die Wunde des Leids, des angenommenen Leids?

„Du sollst ein Segen sein." Wir hatten gesagt, daß der Gebrauch des Wortes „segnen" sich im Judentum und dann im Neuen Testament verändert habe in der Weise, daß es immer mehr gebraucht wird im Sinne der Gottespreisung, der lobpreisenden Danksagung. Von 68 Belegen im Neuen Testament haben 40 diese Bedeutung.

Dürfen wir also dem Wort „Du sollst ein Segen sein" für uns auch diesen Sinn geben: Du sollst als Getaufter, als von Gott Erwählter, als einer, der zum Volk Gottes gehört, mit deinem Leben eine Preisung Gottes sein? Du sollst zu denen gehören, die stellvertretend, mitten in einer säkularisierten und weithin gottvergessenen Welt das Wort der lobpreisenden Anbetung zu Gott hin sprechen und die Großtaten dessen verkünden, preisend ausrufen, der uns aus der Finsternis in sein wunderbares Licht gerufen hat. Die Preisung Gottes durchhalten: bis er kommt in Herrlichkeit! „Segnet, denn dazu seid ihr berufen, Segen zu empfangen", dieses Wort des Ersten Petrusbriefes auch so ausdeutend: Ihr seid unter den Völkern dazu berufen, zu Gott hin das gute Wort der anbetenden, lobpreisenden Danksagung zu vollziehen: diese

Segnung, die heilige Eucharistia! *Die* Berufung des Volkes Gottes!

Daran denke ich, wenn ich im vierten Kanon an die Stelle komme: „Und wenn die ganze Schöpfung von der Verderbnis der Sünde und des Todes befreit ist, laß uns zusammen mit ihr dich verherrlichen in deinem Reich durch unseren Herrn Jesus Christus." Das ist der sehr alttestamentliche Gedanke: daß der Glaubende Jahwe preist, *„segnet"*, im Einklang mit der ganzen Schöpfung, indem er ruft: „Baruch Jahwe!" „Preisen sollen dich, Herr, alle deine Werke" (Ps 145,10).

Vor einigen Jahren kam ein Buch heraus, in dem man bekannte Leute gefragt hatte: Was ist erfülltes Leben? Ob das nicht ein erfülltes Leben ist, wenn man von einem Menschen sagen kann: Er war ein Segen!?

Was war das bei Paulus für ein Segnungsbewußtsein, wenn er an die Römer schreibt: „Ich weiß, daß ich, wenn ich zu euch komme, in der Fülle des Segens Christi kommen werde!"

Du sollst ein Segen sein: Gott ist der Segnende, aber durch dich! Welche Berufung, welche Würde des Menschen!

Alfred Delp schreibt vor seiner Hinrichtung: „Und so will ich zum Schluß tun, was ich so oft tat mit meinen gefesselten Händen und was ich tun werde, solange ich noch atmen darf: Segnen!"

DIE FRAGE

Wie erlebe ich die Zusage und den Auftrag Gottes: Du sollst ein Segen sein?

15

Wer es mit Gott zu tun bekommt, der wird zum Glaubenszeugen in der fremden Welt

Die Magd Naamans

*1 Naaman, der Feldherr des Königs von Aram, galt viel bei
seinem Herrn und war angesehen; denn durch ihn hatte
der Herr den Aramäern den Sieg verliehen. Der Mann war
tapfer, aber an Aussatz erkrankt. 2 Nun hatten die Ara-
mäer bei einem Streifzug ein junges Mädchen aus dem
Land Israel verschleppt. Es war in den Dienst der Frau
Naamans gekommen. 3 Es sagte zu seiner Herrin: Wäre
mein Herr doch bei dem Propheten in Samaria! Er würde
seinen Aussatz heilen. 4 Naaman ging zu seinem Herrn
und meldete ihm: Das und das hat das Mädchen aus Is-
rael gesagt. 5 Der König von Aram antwortete: So geh
doch hin; ich werde dir ein Schreiben an den König von
Israel mitgeben. Naaman machte sich auf den Weg. Er
nahm zehn Talente Silber, sechstausend Schekel Gold
und zehn Festkleider mit 6 und überbrachte dem König
von Israel das Schreiben. Es hatte folgenden Inhalt: Wenn
jetzt dieser Brief zu dir gelangt, so wisse: Ich habe meinen
Knecht Naaman zu dir geschickt, damit du seinen Aus-
satz heilst. 7 Als der König von Israel den Brief gelesen
hatte, zerriß er seine Kleider und rief: Bin ich denn ein
Gott, der töten und zum Leben erwecken kann? Er
schickt einen Mann zu mir, damit ich ihn von seinem
Aussatz heile. Merkt doch und seht, daß er nur Streit mit
mir sucht.*

*8 Als der Gottesmann Elischa hörte, der König von Is-
rael habe seine Kleider zerrissen, ließ er ihm sagen:
Warum hast du deine Kleider zerrissen? Naaman soll zu
mir kommen; dann wird er erfahren, daß es in Israel ei-
nen Propheten gibt. 9 So kam Naaman mit seinen Pferden
und Wagen und hielt vor dem Haus Elischas. 10 Dieser
schickte einen Boten zu ihm hinaus und ließ ihm sagen:
Geh und wasch dich siebenmal im Jordan! Dann wird*

*dein Leib wieder gesund, und du wirst rein. [11]Doch
Naaman wurde zornig. Er ging weg und sagte: Ich
dachte, er würde herauskommen, vor mich hintreten,
den Namen Jahwes, seines Gottes, anrufen, seine Hand
über die kranke Stelle bewegen und so den Aussatz hei-
len. [12]Sind nicht der Abana und der Parpar, die Flüsse
von Damaskus, besser als alle Gewässer Israels? Kann
ich nicht dort mich waschen, um rein zu werden? Voll
Zorn wandte er sich ab und ging weg. [13]Doch seine Die-
ner traten an ihn heran und redeten ihm zu: Wenn der
Prophet etwas Schweres von dir verlangt hätte, würdest
du es tun; wieviel mehr jetzt, da er zu dir nur gesagt
hat: Wasch dich, und du wirst rein. [14]So ging er also
zum Jordan hinab und tauchte siebenmal unter, wie
ihm der Gottesmann befohlen hatte. Da wurde sein
Leib gesund wie der Leib eines Kindes, und er war
rein.*

*[15]Nun kehrte er mit seinem ganzen Gefolge zum Got-
tesmann zurück, trat vor ihn hin und sagte: Jetzt weiß
ich, daß es nirgends auf der Erde einen Gott gibt außer in
Israel. So nimm jetzt von deinem Knecht ein Dankge-
schenk an! [16]Elischa antwortete: So wahr der Herr lebt, in
dessen Dienst ich stehe: Ich nehme nichts an. Auch als
Naaman ihn dringend bat, es zu nehmen, lehnte er ab.
[17]Darauf sagte Naaman: Wenn es also nicht sein kann,
dann gebe man deinem Knecht so viel Erde, wie zwei
Maultiere tragen können; denn dein Knecht wird keinem
andern Gott mehr Brand- und Schlachtopfer darbringen
als Jahwe allein. [18]Nur dies möge Jahwe deinem Knecht
verzeihen: Wenn mein Herr zur Anbetung in den Tempel
Rimmons geht, stützt er sich dort auf meinen Arm. Ich
muß mich dann im Tempel Rimmons niederwerfen,*

wenn er sich dort niederwirft. Dann möge das Jahwe deinem Knecht verzeihen. [19]Elischa antwortete: Geh in Frieden! (2 Kön 5,1–19)

Das junge Mädchen in dieser Erzählung ist wie eine Nebenfigur. Nicht einmal ihr Name wird genannt. Aber ohne diese Namenlose wäre das Ganze nicht geschehen.

Dieses Mädchen, zur Sklavin im fremden Land geworden, in der Welt fremder Götter, ist tief verwurzelt im Glauben an Jahwe, den Gott Israels. Verwurzelt in dem Glauben, daß dieser Einzige allein das Heil geben kann. Alle Fremde und alle äußere Entrechtung haben ihr den Glauben an die Kraft Jahwes, des Befreier-Gottes, nicht nehmen können.

Und ihr Glaube verbleibt nicht im Rückzug purer Innerlichkeit. Ihr fraulich-mütterliches Herz nimmt die Not ihres Herrn wahr. Und über ihre Herrin läßt sie das Zeugnis ihres Glaubens an den wahren Gott des Heiles an ihn kommen. Am Ende dieser Geschichte zeigt sich, wie fruchtbar das Anfangszeugnis dieser Magd geworden ist: Naaman, der Feldherr des Königs und sein Vertrauter, ist so überzeugt von der Wahrheit des Gottes Israels, daß er zwei Maultierlasten Erde aus Israel mitnimmt, um gleichsam aus diesem sinnenhaft wahrnehmbaren Wurzelboden in seinem neuen Glauben leben zu können; um auf einem Stück wahrer Heimaterde geborgen zu sein und anbeten zu können, wenn er schon nicht in Israel leben kann. So sehr ist er überzeugt von dem Glauben Israels, daß er den Konflikt spürt, der aufkommt, wenn er den König in den Tempel Rimmons begleiten und an der Zeremonie dieses Kultes teilnehmen muß. Aber der Prophet weiß, daß Gott auf das Herz schaut:

„Geh in Frieden", so befreit Elischa ihn in Weite und Freiheit von dieser Sorge.

Wir hören im biblischen Bericht nichts davon, wie es dann wohl nach der Heilung und Rückkehr Naamans dem Mädchen ergangen ist. Sie bleibt im Hintergrund. Mitten in einer heidnischen Umwelt gibt diese namenlose Frau ein Zeugnis ihres Glaubens. Und dieses Zeugnis wird, wenn auch erst mit Zweifeln und Bedenken, angenommen und wächst in das Wunder der Befreiung hinein.

Von hoher Aktualität ist dieser Bericht: Mitten in einer säkularisierten Umwelt aus der Kraft des Glaubens heraus einen Fingerzeig zu geben, wo die Rettung zu suchen ist – welch ein Anruf heute an uns! Aber dieser Fingerzeig wird wohl nur dann weiterführen und überzeugen können, wenn er aus einem starken Glauben kommt, der nicht von Zwiespältigkeit gezeichnet ist. Nie hätte dieses jüdische Mädchen ihren Fingerzeig geben können, wenn es an dem Erfolg ihres Rates gezweifelt hätte. Einmal wird Jesus sagen: „Habt Glauben an Gott! Wahrlich ich sage euch: Wer zu dem Berge da spräche: Hebe dich hinweg und stürze dich ins Meer!, und in seinem Herzen nicht zweifelte, sondern glaubte, daß, was er sagt, geschieht, dann würde es geschehen!" (Mk 11,23).

DIE FRAGE

Wie ist es mit meinem Glaubenszeugnis in der glaubensvergessenen Umwelt?

16

Wer es mit Gott zu tun bekommt,
der muß
zum Fürsprecher werden

Abraham

[16]Die Männer erhoben sich von ihrem Platz und schau-
ten gegen Sodom. Abraham wollte mitgehen, um sie zu
verabschieden. [17]Da sagte sich der Herr: Soll ich Abraham
verheimlichen, was ich vorhabe? [18]Abraham soll doch zu
einem großen, mächtigen Volk werden, durch ihn sollen
alle Völker der Erde Segen erlangen. [19]Denn ich habe ihn
dazu auserwählt, daß er seinen Söhnen und seinem Haus
nach ihm aufträgt, den Weg des Herrn einzuhalten und
zu tun, was gut und recht ist, damit der Herr seine Zusa-
gen an Abraham erfüllen kann. [20]Der Herr sprach also:
Das Klagegeschrei über Sodom und Gomorra, ja, das ist
laut geworden, und ihre Sünde, ja, die ist schwer. [21]Ich
will hinabgehen und sehen, ob ihr Tun wirklich dem Kla-
gegeschrei entspricht, das zu mir gedrungen ist. Ich will
es wissen. [22]Die Männer wandten sich von dort ab und
gingen auf Sodom zu.

Abraham aber stand noch immer vor dem Herrn. [23]Er
trat näher und sagte: Willst du auch den Gerechten mit
den Ruchlosen wegraffen? [24]Vielleicht gibt es fünfzig Ge-
rechte in der Stadt: Willst du auch sie wegraffen und
nicht doch dem Ort vergeben wegen der fünfzig Gerech-
ten dort? [25]Das kannst du doch nicht tun, die Gerechten
zusammen mit den Ruchlosen umbringen. Dann ginge
es ja dem Gerechten genauso wie dem Ruchlosen. Das
kannst du doch nicht tun. Sollte sich der Richter über die
ganze Erde nicht an das Recht halten? [26]Da sprach der
Herr: Wenn ich in Sodom, in der Stadt, fünfzig Gerechte
finde, werde ich ihretwegen dem ganzen Ort vergeben.
[27]Abraham antwortete und sprach: Ich habe es nun ein-
mal unternommen, mit meinem Herrn zu reden, obwohl
ich Staub und Asche bin. [28]Vielleicht fehlen an den fünf-
zig Gerechten fünf. Wirst du wegen der fünf die ganze

Stadt vernichten? Nein, sagte er, ich werde sie nicht ver-
nichten, wenn ich dort fünfundvierzig finde. [29]*Er fuhr*
fort, zu ihm zu reden: Vielleicht finden sich dort nur vier-
zig. Da sprach er: Ich werde es der vierzig wegen nicht
tun. [30]*Und weiter sagte er: Mein Herr zürne nicht, wenn*
ich weiterrede. Vielleicht finden sich dort nur dreißig. Er
entgegnete: Ich werde es nicht tun, wenn ich dort dreißig
finde. [31]*Darauf sagte er: Ich habe es nun einmal unter-*
nommen, mit meinem Herrn zu reden. Vielleicht finden
sich dort nur zwanzig. Er antwortete: Ich werde sie um
der zwanzig willen nicht vernichten. [32]*Und nochmals*
sagte er: Mein Herr zürne nicht, wenn ich nur noch ein-
mal das Wort ergreife. Vielleicht finden sich dort nur
zehn. Und wiederum sprach er: Ich werde sie um der
zehn willen nicht vernichten. [33]*Nachdem der Herr das*
Gespräch mit Abraham beendet hatte, ging er weg, und
Abraham kehrte heim. (Gen 18,16–33)

I

Nach dem bewegenden Bericht über Gottes Einkehr bei Abraham bei den Eichen von Mamre beginnt ein neuer Abschnitt mit einem Selbstgespräch Gottes (VV. 17–19). Abraham soll erfahren, warum Sodom untergehen muß; er soll erfahren, warum Gott in der Menschengeschichte so handeln muß; daß also nicht ein blindes Schicksal über Sodom waltet.

„Wer es mit Gott zu tun bekommt" – Abraham hat es wirklich mit Gott zu tun bekommen, er ist gleichsam zu einem Partner Gottes geworden, hineingenommen in ein Vertrauensverhältnis mit Gott. In dieser Stunde, in der Gott „sich erinnert", daß alle Völker der Erde durch

Abraham Segen erlangen sollen, bricht Gott auf zum Gericht über Sodom. Klingt das nicht so, als ob die Fürsprache Abrahams der geheimen Erwartung Gottes entspricht? Ist Sodom nicht auch einbeschlossen in dem „durch ihn sollen alle Völker der Erde Segen erlangen"? Der Vers 19 ist nach den Ergebnissen der Forschung ein späterer Einschub und gibt eine andere Deutung, die auch der Zweite Petrusbrief aufgenommen hat: „Auch die Städte Sodom und Gomorra hat er eingeäschert und zum Untergang verurteilt, als ein Beispiel für alle Gottlosen in späteren Zeiten" (2 Petr 2,6).

Gott bezieht in diesem Selbstgespräch Abraham, den auserwählten Stammvater des künftigen Gottesvolkes, in seine Geschichtspläne ein. Sollte darin eine Andeutung liegen, daß den Erleuchteten des Gottesvolkes „die letzten Gründe für Gottes Handeln an den Völkern in der Geschichte nie völlig verborgen bleiben"? Daß ihnen „unter theologischem Gesichtspunkt die Geschichte nie völlig ein Buch mit sieben Siegeln bleiben kann (Lothar Ruppert)"?

Vers 22b heißt in unserer Übersetzung: „Abraham aber stand noch immer vor dem Herrn." Ursprünglich aber stand da: „Jahwe stand noch immer vor Abraham." Dazu Gerhard von Rad: „In V. 22 findet sich eine der ganz wenigen eigenmächtigen Änderungen, die die jüdischen Gelehrten der nachchristlichen Zeit am Text gewagt haben (und die natürlich genau vermerkt wurde): Daß Jahwe wie abwartend vor Abraham stehengeblieben sei, erschien ihnen mit der Würde Jahwes unvereinbar: sie haben den Satz dahin geändert, daß Abraham vor Jahwe stehengeblieben sei. Sie haben damit die zögernde Geste Jahwes, die doch eine stumme Aufforderung, sich auszusprechen, enthielt, ihrer religiösen Scheu zum Opfer gebracht."

„Abraham trat näher und sagte" (V. 23): er tritt dicht an Gott heran. Ist das ein Bildwort für die Intensität seines Betens? Ein Hindrängen zu Gott hin? Gibt es ein solches Beten? Welch freimütiges, kühnes Beten! Welche Vertrautheit mit Gott!

In den Worten, daß um einer Minderheit von Gerechten willen alle verschont werden sollten, eilt Abraham dem Denken seiner Zeit weit voraus: es kündet sich das Gesetz der Stellvertretung an, das dann in Jesus seine Erfüllung erreicht. Damit wird die Gerechtigkeit Gottes völlig anders gesehen, als wie es das uralte Denken der Waagegerechtigkeit meint: Jeder muß für *seine* Schuld büßen. Die Waagschale der Schuld muß vom Schuldigen durch die Waagschale der Sühneleistung ins Gleichgewicht gebracht werden. Es ist der Judex-Gott, der Richter-Gott der Religionen, der dahintersteht.

In der Perspektive der Abrahams-Hoffnung stehen die Gottesknechtslieder bei Jesaja: „Zu unserem Heil lag die Strafe auf ihm ... Er lud die Schuld von uns allen auf ihn" (53, 5.6). Und die Gottesworte bei Hosea: „Wie könnte ich dich preisgeben?... Mein Herz wendet sich gegen mich, mein Mitleid lodert auf" (11, 8).

Was Abraham vorbringt, kommt nicht aus einem theologischen Denken, ist nicht das Sprachspiel eines theologischen Disputs, sondern es kommt aus der Not seines Herzens, aus der Betroffenheit von dem Schicksal der Menschen in dieser Stadt.

Immer kühner wird das Beten Abrahams, wie ein Wagnis, Gottes Großmut auf das äußerste herauszufordern. Wie weit kann Gottes Rettungswille mit seiner „Gerechtigkeit" noch in Einklang gebracht werden?

Nach Abrahams Bitte: Wenn nur zehn Gerechte in der Stadt sind ... heißt es: „Nachdem der Herr das Gespräch mit Abraham beendet hatte, ging er weg" (33). Ist eine Grenze erreicht? Gibt es das bei Gott? Wird nicht der einzige Gerechte alle retten?

II

In diesem Bericht ist ein Zweifaches zu bedenken: die Fürsprache und die Stellvertretung.

Die Stellvertretung: Zehn Gerechte in der Stadt ziehen die Barmherzigkeit Gottes für alle an sich!

Aber wir wollen unseren Blick nur richten auf Abraham als den großen Fürbitter; auf die Bedeutung der Fürbitte: auf diesen Abrahamsdienst der Christen.

So wenig wir das Problem menschlicher Freiheit und göttlicher Gnade mit dem Verstand lösen können, so wenig werden wir im Letzten die Frage beantworten können, warum es so ist, daß unsere Fürbitte das Herz Gottes bewegen kann. Aber daß es so ist, das ist das einhellige Zeugnis christlicher Glaubenserfahrung. Die Erfahrung vieler Zeugen, daß Fürbitte für einen anderen Menschen oft in geradezu wunderbarer Weise erhört worden ist. Freilich ist wohl die Voraussetzung für die Erhörung diese: daß das Anliegen der Fürbitte im Geist des Vaterunsers beheimatet sein kann: Und: In dem Maße des Vertrauens, von dem die Fürbitte getragen ist, kann die Erhörung sich nähern. „Alles kann, wer glaubt" (Mk 9,23), dieses Wort Jesu („das in seiner Unbedingtheit und kühnen Zusage betroffen macht", Schnackenburg), das Jesu eigenes absolut reines Vertrauen widerspiegelt, weist den Weg.

Warum wartet Gott – wie hier in der Abrahamsgeschichte – auf die Fürbitte des Menschen? Ist es das Ernstnehmen der von Gott ihm gewährten Partnerschaft? Will Gott den Menschen mit in die Verantwortung für den Mitmenschen nehmen? „Braucht" Gott für das Einströmen seiner rettenden Kraft in der Menschenwelt eine Offenheit, eine Tür – wie es die Fürbitte ist –, damit sie auch die erreichen kann, die selbst sich nicht öffnen können oder wollen? Ist nicht die Fürbitte eine hohe Form von Liebe und zieht so die grenzenlose Liebe Gottes an sich, die alle Zäune überfluten möchte? Ist nicht die Fürbitte eine hohe Form von Anbetung, in der der Mensch zum Ausdruck bringt: Gott, du allein bist der Rettende – all unser Tun reicht nicht hin?

Oft vergessen wir, die wir so sehr auf unsere Aktivität vertrauen, die Macht der Fürbitte, in der unser Vertrauen sich Gott zuwendet.

Als ich in meine kleine Pfarrgemeinde kam und entdeckte, daß bei aller noch gewahrten Glaubenstradition die Säkularisierung auch hier sich auszuwirken beginnt, habe ich mir zwei besondere Ziele gestellt: daß in den Familien wieder gebetet würde und daß die Heiligung des Sonntags durch die Teilnahme am Gottesdienst wachsen möchte. Ich überlegte, was ich alles dafür tun könnte: ein Pfarrbrief, Gespräche bei Hausbesuchen, zwei Abende im Pfarrheim, eines mit dem Thema: Gebet mit kleinen Kindern, eines mit dem Thema: Gebet in der Familie usw. Als ich an dem Abend mit dem zweiten Thema von Teilnehmern hörte, daß in vielen Familien das Tischgebet nicht mehr Brauch ist; als ich von einem

Lehrer des benachbarten Schulortes hörte, daß in seiner Klasse bei weitem die Mehrzahl der Schüler sonntags nicht mehr zur Kirche gehe – da dachte ich abends zu Hause erneut darüber nach: Was kannst du tun ...? Ich dachte z. B. an eine gezielte Jahresaktion: Erneuerung des Tischgebetes in allen Familien usw. Auf einmal fiel mir ein: Hast du dafür schon einmal ausdrücklich gebetet? Ist das Für-Bittgebet nicht die tragende Voraussetzung dafür, daß unsere Aktionen fruchtbar werden? Ich dachte an den Pfarrer von Ars, der die Fürbitte für seine Gemeinde an die erste Stelle setzte und sie – in der Weise der Frömmigkeit seiner Zeit – durch radikales Fasten glaubwürdig machte.

Es gibt in der Fürbitte wohl so etwas wie ein „Ringen" mit Gott, dem Gott nicht widerstehen kann. (Oder ist es zugleich ein Ringen mit sich selbst, im Gebet bis zur wahren Gelassenheit auf Gott hin zu reifen?) Jesus selbst erzählt dafür das Gleichnis vom bittenden Freund (Lk 11,5 f).

Abraham nennt Gott „Herr", und er verneigt sich vor ihm bis zur Erde. Jesus hat uns gelehrt, Gott den guten, barmherzigen Vater zu nennen. Haben wir darin nicht mehr Ermutigung zu solchem „Ringen" mit Gott? –

Ich möchte ein Beispiel aus der geistlichen Literatur für eine erhörte Fürbitte nennen. In ihren selbstbiographischen Schriften erzählt Theresia von Lisieux – im Sprachspiel ihrer Zeit und ihrer Frömmigkeit – die Geschichte von dem Mörder Pranzini:

In dieser *lichtstrahlenden Nacht* begann mein dritter Lebensabschnitt, der schönste von allen, der am reichsten mit himmlischen Gnaden erfüllte ... In einem Augenblick hatte Jesus vollbracht, was mir in zehnjähriger Anstrengung nicht gelungen war, er begnügte sich mit meinem *guten Willen,* an dem es mir nie fehlte. Wie die Apostel konnte ich ihm sagen: „Herr, ich habe die ganze Nacht gefischt und nichts gefangen." Noch barmherziger gegen mich als gegen seine Jünger *nahm Jesus selbst* das Netz, warf es aus und zog es gefüllt mit Fischen wieder ein ... Er machte mich zum *Seelen*fischer, ich spürte ein großes Verlangen, an der Bekehrung der Sünder zu arbeiten, ein Verlangen, das ich vorher nicht so lebhaft empfunden hatte ... Ja, ich fühlte die *Liebe* in mein Herz einziehen, das Bedürfnis, mich selbst zu vergessen, um [anderen] Freude zu machen, und von da an war ich glücklich! ... Als ich eines Sonntags die Photographie [eines Bildes] unseres Herrn am Kreuz betrachtete, ward ich betroffen vom Blute, das aus einer seiner Göttlichen Hände floß. Ich empfand tiefen Schmerz beim Gedanken, daß dies Blut zur Erde fiel, ohne daß jemand herzueilte, es aufzufangen. Ich beschloß, im Geiste meinen Standort am Fuße des Kreuzes zu nehmen, um den ihm entfließenden Göttlichen Tau aufzufangen, und begriff, daß ich ihn nachher über die Seelen ausgießen müsse ... Der Schrei Jesu am Kreuz widerhallte ununterbrochen in meiner Seele: *„Mich dürstet!"* Diese Worte entfachten in mir ein unbekanntes, heftiges Feuer ... Ich wollte meinem Viel-Geliebten zu trinken geben, und ich fühlte mich selbst vom *Durst* nach *Seelen* verzehrt ... Noch waren es nicht Priesterseelen, zu denen es mich hinzog, sondern die der *großen Sünder,* ich *brannte* vor Verlangen, sie den ewigen Flammen zu entreißen.

Um meinen Eifer anzuspornen, zeigte mir der Liebe Gott, daß ihm mein Verlangen wohlgefällig sei. – Ich hörte damals von einem großen Verbrecher, der wegen schrecklicher Verbrechen zum Tode verurteilt worden war, alles ließ vermuten, daß er unbußfertig sterben würde. Ich wollte ihn um jeden Preis daran hindern, der ewigen Verdammnis anheimzufallen; um es dahin zu bringen, wandte ich alle erdenklichen Mittel an; wohl wissend, daß ich aus mir selber nichts vermochte, bot ich dem Lieben Gott alle unendlichen Verdienste Unseres Herrn an und die Schätze der Heiligen Kirche, schließlich bat ich Céline, eine Messe nach meiner Meinung lesen zu lassen, denn ich wagte nicht, selbst darum zu fragen, aus Angst, ich könnte genötigt sein einzugestehen, daß es für Pranzini sei, den großen Verbrecher. Ich wollte es auch Céline nicht sagen, doch sie stellte mir so liebevolle und eindringliche Fragen, daß ich ihr mein Geheimnis anvertraute; weit entfernt, sich über mich lustig zu machen, bat sie mich, mir bei der Bekehrung *meines Sünders* helfen zu dürfen, ich nahm dies dankbar an, denn ich hätte gewünscht, daß alle Menschen sich mit mir vereinten, um die Gnade für den Schuldigen zu erflehen. Im Grunde meines Herzens fühlte ich mit Gewißheit, daß unser Verlangen erfüllt werden sollte, um mir jedoch Mut zu machen, im Gebet für die Sünder fortzufahren, sagte ich dem Lieben Gott, ich sei ganz sicher, daß er dem unglücklichen Pranzini verzeihen werde, daß ich dies sogar glauben würde, wenn dieser *nicht beichtete* und *kein Zeichen der Reue* gäbe, so großes Vertrauen hatte ich in die unendliche Barmherzigkeit Jesu, aber ich bäte ihn doch um *„ein Zeichen"* der Reue, einfach zu meinem Trost ... Mein Gebet wurde wörtlich erhört! Trotz des Verbotes, das Papa für uns erlassen hatte, irgendeine Zeitung zu lesen, glaubte ich nicht ungehorsam zu sein, wenn ich die Stellen las, die von Pranzini handelten. Am Tage nach seiner Hinrichtung fällt mir die Zeitung „La Croix" in die Hand. Ich öffne sie hastig, und was sehe ich? ... Ach! meine Tränen verrieten meine Bewegung, und ich mußte mich verstecken ... Pranzini hatte nicht gebeichtet, er hatte das Schafott bestiegen und wollte eben seinen Kopf in das grausige Loch stecken, als er plötzlich, einer jähen Eingebung folgend, sich umwendet, das Kruzifix ergreift, das ihm der Priester hinhielt, und *dreimal die heiligen Wunden küßt!* ... Dann ging seine Seele hin, das *erbarmende* Urteil Dessen zu empfangen, der verkündet, im Himmel werde mehr Freude sein über einen einzigen Sünder, der Buße tut, als über neunundneunzig Gerechte, die der Buße nicht bedürfen! ...

Ich hatte das erbetene „Zeichen" erhalten, und dieses Zeichen war das getreue Abbild von Gnaden, die Jesus mir gewährt hatte, um mich zum Gebet für die Sünder anzuspornen. War nicht angesichts der *Wunden Jesu,* als ich sein Göttliches *Blut* fließen sah, der Durst nach Seelen in mein Herz eingedrungen? Ich wollte ihnen dies *unbefleckte Blut* zu trinken geben, das sie von ihren Makeln reinigen sollte, und die Lippen „meines *ersten Kindes*" hatten sich auf die heiligen Wundmale gedrückt!!! ... Welch unsäglich zarte Antwort! ... Oh! seit dieser einzigartigen Gnade wuchs meine Begierde, Seelen zu retten, jeden Tag, mir war, ich hörte Jesus zu mir sagen wie zur Samariterin: „Gib mir zu trinken!" Es war ein wahrer Tauschhandel der Liebe; den Seelen gab ich das *Blut* Jesu, und Jesus bot ich eben diese vom *Göttlichen Tau* erquickten Seelen an, so glaubte ich seinen Durst zu stillen, und je mehr ich ihm zu *trinken* gab, desto größer wurde der Durst meiner armen kleinen Seele, und diesen brennenden Durst gab er mir als den köstlichsten Trank seiner Liebe ...

In kurzer Zeit hatte mich der Liebe Gott hinauszuführen gewußt aus dem engen Kreis, in dem ich mich drehte, ohne zu wissen, wie ihm entkommen. *

DIE FRAGEN

1. Welchen Raum nimmt die Fürbitte in meinem Gebetsleben ein?

2. Wo bin ich gegenwärtig am ehesten zur Fürbitte gedrängt?

3. Wie verstehe ich die Fürbitte?

---

* Aus: Therese vom Kinde Jesus. Selbstbiographische Schriften (Einsiedeln 1958).

17

Wer es mit Gott zu tun bekommt,
der muß damit rechnen,
von ihm in die Wüste geführt zu werden

Wir wollen in dieser Besinnung versuchen, in einen Dialog mit dem Symbolwort „Wüste" einzutreten und die „Wüstenerfahrungen" unseres Lebens darin einzubringen*. Insbesondere zu sehen, ob und wie dieses Wort „Wüste" etwas zu tun hat mit der Nachfolge im Sinne der evangelischen Räte.

Wer nie etwas von Erfahrung der „Wüste" in seinem Leben gemacht hat, darf der mitreden? In den Worten der Wüstenväter gibt es diese Geschichte: In einer Versammlung der Gemeinde saßen Männer, die niemand kannte. Auf die Frage des Vorstehers nach dem Woher antworteten sie: „Wir kommen aus der Wüste." Und der Vorsteher: „Wenn ihr aus der Wüste kommt, dürft ihr sprechen!"

Wir haben unserer Besinnung die Überschrift gegeben: Wer es mit Gott zu tun bekommt, muß damit rechnen, von ihm in die Wüste geführt zu werden. So ist es am Anfang dem Volk Israel ergangen: „Gott führte sie durch die Wüste zum Schilfmeer", so heißt es in Ex 13,18. Und: „Sie wanderten durch diese ganze große und furchterregende Wüste", heißt es in Dtn 1,19. So ist es Jesus am Anfang ergangen: „Danach trieb der Geist Jesus in die Wüste", heißt es in Mk 1,12. Und beim Propheten Hosea heißt es ausdrücklich: „Ich selber will sie in die Wüste führen" (2,16). Und wenn man den hebräischen Text aufschlägt, erfährt man, daß dieses Wort „führen" eigentlich heißt: verführen! „Ich selber will sie zur Wüste verführen ...!"

* Vielfache Anregung verdanke ich G. Greshake, Die Wüste bestehen (Freiburg i. Br. [3]1981).

Wer es also mit Gott zu tun bekommt, muß damit rechnen, von Gott zur Wüste verführt zu werden!

Und wie ist das mit der Wüste? Was kann einem da in der Wüste passieren?

Alle, die längere Zeit in der Wüste waren, sagen, daß sie die große Herausforderung ist. Daß sie der Ort der Grenzerfahrungen ist, wo der Mensch radikal ganz in Anspruch genommen ist. Es ist so ähnlich wie im vegationslosen Hochgebirge oder auf dem stürmischen Meer – der Mensch als Ganzer gefordert.

Aber wie kommt es, daß es immer wieder *einzelne* Menschen gibt, die die Wüste lockt, die das Hochgebirge lockt? Von irischen Mönchen des 7. Jahrhunderts wird berichtet, daß sich einzelne mit einem Boot in die Unendlichkeit des Atlantischen Ozeans treiben ließen, ausgesetzt allen Gefahren und der unendlichen Einsamkeit des nordischen Meeres ... Geht da eine geheime Anziehungskraft aus von dieser Herausforderung? Lockt da ein Abenteuer aufs Ganze hin?

Könnte es sein, daß dies ein Bild ist dafür, daß Gott einzelne Menschen zur Wüste verführt, d. h., daß er sie vor die große Herausforderung stellt, alles loszulassen, Familie, Besitz und Eigenmacht, um sie frei zu machen für das große Abenteuer und Wagnis, allein mit ihm zu leben? Sich radikal auf Gott einzulassen, sich auszuliefern, so wie ein Mensch in der Wüste ausgeliefert ist?

„Danach trieb der Geist Jesus in die Wüste. Dort blieb Jesus vierzig Tage lang und wurde vom Satan in Versuchung geführt. Er lebte bei den wilden Tieren, und die Engel dienten ihm" (Mk 1, 12–13). Und: „Da sprach Jesus zu ihm: Den Herrn, deinen Gott, sollst du anbeten und *ihm allein* dienen" (Mt 4, 10).

Alfred Delp schrieb in der Todeszelle das Gebet: „Herr, laß mich erkennen, daß die großen Aufbrüche der Menschheit und des Menschen in der Wüste entschieden werden. Herr, ich weiß, es steht schlimm um mein Leben, wenn ich die Wüste nicht bestehe ..."

Wenn Gott sagt: „Ich selber will sie zur Wüste verführen ..." – könnte es sein, daß mit dieser Wüste *auch* das Leben der Räte gemeint ist? Als ein vielleicht sehr unbeholfener Versuch, das Abenteuer mit Gott radikal zu wagen? Als ein Ausdruck für das Bemühen, dorthin zu kommen, wo es gilt: Gott, du allein!? Irgendwo vergleicht Meister Ekkehart die Jungfräulichkeit mit der Wüste.

Aber nun könnte es sein, daß jemand im stillen denkt: Bei mir ist das ganz anders. Nichts, was dem Bildwort Wüste oder Hochgebirge oder Meer ähnlich wäre; mein Leben ist auch Wüste, aber flächig, langweilig, sehr alltäglich. Immer dasselbe, nichts Pathetisches, nichts Großartiges, sondern kleiner Alltag mit all den kleinen Querelen, die es auch sonst etwa in Familien gibt. Ich lebe zwar auch das Leben der evangelischen Räte, aber wenn ich das mit der Wüste vergleichen sollte, dann ist sie sozusagen eine kleinkarierte Wüste, mit der man nicht angeben kann, kein großes Abenteuer und keineswegs lebensgefährlich. – Wenn einer so dächte, hätte das nichts mit Wüste zu tun?

Wenn man in die Wüste gerät, was kann einem da passieren? Es kann einem passieren, daß man sehr einsam ist. Alle, die längere Zeit in der Wüste gewesen sind, sagen: Sie ist der Ort der grenzenlosen Stille, des großen Schweigens, *der* Einsamkeit. Da ist der Mensch ganz auf sich geworfen. In solcher Einsamkeit zeigt sich, was in einem Menschen ist. Erhart Kästner schreibt einmal („Zeltbuch von Tumilad"): „Einsamkeit ist ein Fluidum, in das eingetaucht die einen verkümmern, während sich andere entfalten; alle offenbaren so ihre Art. Laßt alle ein Jahr in der Einsamkeit leben, und es wird keine Mühe machen, sie auseinanderzukennen und zu sehen, aus welchem Stoff sie sind."

Ehelosigkeit im Räteleben kann als Einsamkeit erlebt werden. Aber von welcher Art? Läßt meine Einsamkeit mich verkümmern und grämlich werden, hart und unfruchtbar, so wie die Wüste unfruchtbar ist („Verhärtet euer Herz nicht ... wie in der Wüste am Tage von Massa!", Ps 95,8), oder kenne ich die „erfüllte Einsamkeit", von der Reinhold Schneider spricht?

Vielleicht denkt auch jemand: Ja, die Einsamkeit des Rätelebens kenne ich. Aber sie hat nichts Großartiges, wie ich es mir vorstelle etwa bei der Einsamkeit Charles de Foucaulds in der Sahara oder bei der Einsamkeit eines Kartäusers in seiner Zelle. Die Einsamkeit bei mir sieht so aus: Keine Möglichkeit, sich vertrauend auszusprechen. Keiner in der Nähe, von dem man sich richtig verstanden weiß. Und so habe ich mich im Laufe der Jahre auf mich zurückgezogen, isoliert; und in mir tief vergraben die Sehnsucht nach *Lebens*beziehung! Statt daß die Einsamkeit meines ehelosen Lebens mir zur Sammlung und Selbstfindung verhelfen könnte, um Mensch für andere zu sein, statt daß sie die Kraft der Kontemplation in mir erwecken könnte, um auf die leise Stimme Gottes zu hören, wird meine Einsamkeit eine grämliche, verdrießliche. Und aus der Chance der fruchtbaren Innen-Schau fliehe ich oft genug in die Oberflächlichkeit und Ablenkung des Fern-Sehens. Dann fange ich an, die Leere in mir auszufüllen mit allerlei Dingen, siedle mich an in Oasen des Wohllebens und der Zerstreuung. Ein Gebet, wie Dag Hammarskjöld es gekannt hat: „Bete, daß deine Einsamkeit der Stachel werde, etwas zu finden, wofür du leben kannst, und groß genug, um dafür zu sterben" – ein solches Gebet kommt kaum noch über meine Lippen.

Ja, das gibt es, daß die Wüstendimension des Lebens die Gestalt solcher Einsamkeiten annimmt, die wir als Ohnmacht, Aussichtslosigkeit, ja manchmal als Versuchung zur Verzweiflung erfahren. Gisbert Greshake schreibt in seinem Buch: „Die Wüste bestehen. – Erlebnis und geistliche Erfahrung": „Überall findet man (in der Wüste) Spuren des Todes: bleichende Knochen von Kamelen, Schafen und Ziegen und zahlreiche Autowracks, die bezeugen, daß viele ihren Weg abbrechen mußten und nicht wunschgemäß ans Ziel gekommen sind. Gerade so aber, als Ort des Todes und des Bösen, ist die Wüste ein Bild jener Dimension unserer Existenz, in der wir allein sind, verlassen, ungeborgen, vielen Gefährdungen ausgesetzt ..."

Wie auch immer unsere Einsamkeit ist, wenn wir sie wahrnehmen, wie sie wirklich ist, wenn wir uns dazu zu stellen versuchen, wenn wir den guten Willen haben, unsere Einsamkeit anzunehmen, so wie sie ist – ob sie dann nicht ihre Verwandlungskraft zeigen würde? Hat deine grämliche Einsamkeit *keine* Chance mehr? –

Gott sagt: „Ich selber will sie in die Wüste locken ..." Was kann einem da passieren? Wenn sich in der Wüste Ägyptens oder Syriens zwei Mönche begegneten, so fragten sie nicht: Wo wohnst du? sondern: Wo kämpfst du? Die Mönche sagten: Die Wüste ist der Ort der Dämonen und also der Ort der Versuchung. Hat Jesus es nicht erfahren? Oder es geschieht, daß einem der Sandsturm so ins Gesicht bläst, daß man nichts mehr sehen kann und daß es einem den Atem verschlägt.

Sind das Bilder? Lockt Gott einen in der Berufung in solche „Wüste"? Kann man da nicht verstehen, daß die Israeliten sich in solcher Wüste zurücksehnten in das „gesicherte" Leben in Ägypten?

Kenne ich diese Stunden nicht, in denen es in mir aufsteigt: Mein Gott, worauf habe ich mich da eingelassen? „Er war einer von denen auf der Karavelle des Kolumbus – und fragte sich, ob er rechtzeitig zurück sein würde in seinem Dorf, um sich als Schuster niederzulassen, ehe ein anderer den alten verdrängte" (Dag Hammarskjöld).

Man denkt zurück an die Tage der Priesterweihe, der Ordensprofeß: Aufbruch zum Abenteuer mit Gott, sich ganz in die Waagschale werfen wollen, so wie man am Boden hingestreckt lag. Und jetzt: Mein Gott, worauf habe ich mich da eingelassen? Warum mußte mich diese Berufung treffen? Habe ich mich nicht getäuscht? Hat Gott mich „verführt"?

Und wieder mag der eine oder andere denken: Wenn die Wüste Kampf und Versuchung ist und wenn das Räteleben etwas mit dem Bildwort „Wüste" zu tun hat – bei mir ist es keine großartige Kampfsituation, kein Kampfpathos, in dem man weiß: es geht um Leben oder Tod. Sondern bei mir sieht das sehr alltäglich aus, um nicht zu sagen schäbig und kleinkariert. Diese ständigen kleinen Widrigkeiten meines immer gleichen Alltags, die mich verdrießlich machen, diese ständigen kleinen Versuchungen, auf kleine Annehmlichkeiten, auf kleine Ablenkungen, auf kleine „Versüßungen" auszuweichen. Es kommt mir gar nicht mehr in den Sinn, daß mein Räteleben etwas mit Wüste zu tun haben könnte. Ich habe mein Leben ganz schön ausgepolstert. Wenn wir die Liedstrophe singen, bekomme ich ein schlechtes Gewissen: „So laßt uns denn dem lieben Herrn mit unserm Kreuz nachgehen und wohlgemut, getrost und gern in allen Leiden stehen. Wer nicht *gekämpft,* trägt auch die Kron des ewgen Lebens nicht davon."

Aber nun wird es Zeit, die Einseitigkeit meiner bisherigen Aussagen aufzuheben. Es bliebe alles falsch, wenn ich das Gotteswort bei Hosea so stehen ließe, wie ich es bisher zitiert habe. Denn es heißt: „Ich selber will sie verlocken, ich will sie in die Wüste führen: da will ich zu ihrem Herzen sprechen (da will ich sie umwerben). Dort gebe ich ihr ihre Weinberge wieder, das Tal von Achor mache ich für sie zum Tor der Hoffnung" (2,16–17).

Ja, das muß man hören, warum, wozu Gott sie zur Wüste „verführt". Hölderlin schreibt einmal: „Mir schwindelt vor der grenzenlosen Stille." Gibt es nicht auch die „Wüstendimension" unseres Lebens, wo in der grenzenlosen Einsamkeit und Stille – wie in der Wüste – aus unserem Wesen heraus wach wird die Sehnsucht und die Erfahrung der grenzenlosen *Weite,* der Sinn für die *Freiheit,* die keine Enge kennt? „Mir schwindelt vor der grenzenlosen Stille", vor der unbeschreiblichen Weite und Freiheit der Lebensahnung in unserem *Wesen!* Ahnt die Seele nicht in der Wüstendimension des Lebens *auch,* daß sie in der grenzenlosen Weite und Freiheit ihre wahre Heimat, ihre letzte Geborgenheit ersehnt? Könnte das Räteleben nicht *diese* Wüstendimension bereiten, für uns und als Zeichen für andere? Daß in diesem Raum der Weite und der Einsamkeit der Sinn freigelegt wird für das, was Gott *eigentlich* mit uns vorhat?

In der Wüste erwacht die Sehnsucht nach Menschen, nach Nähe, nach Verbundenheit, nach *Leben*. Meister Ekkehart schreibt: „Wäre ich allein in einer Wüste, wo es mich grauste, hätte ich da ein Kind bei mir, so verginge mir das Grausen, und ich würde gekräftigt, so edel und lustvoll und so kräftig ist das Leben in sich selbst. Und könnte ich nicht ein Kind haben, hätte ich ein Tier, so würde ich getröstet."

Könnte es sein, daß in der Wüstendimension des Lebens, des Rätelebens, ganz stark die Sehnsucht nach *dem* Leben, das Gott ist, erwacht? Dem Gott des Lebens, von dem alles Grausen der Wüsteneinsamkeit vertrieben würde und sich verwandelte in Nähe?

Alle, die in der Wüste waren, berichten, daß die Einsamkeit und die „unendliche Klarheit" des nächtlichen Himmels, übersät mit den hellen Sternen, in ihrem „atemberaubenden Schweigen" (Greshake) wie nichts anderes die Frage nach der Ewigkeit, nach dem Leben mit Gott erweckt, den Durst nach Gott und Ewigkeit.

Könnte nicht unser Versuch, die evangelischen Räte zu leben, der Ausdruck unserer Sehnsucht werden nach *dem* Leben, nach *der* Liebe für uns und für die Menschen?

Das Gotteswort bei Hosea kommt aus der Sprache der Liebenden! „Ich will sie – die zur Braut Erwählte – in die Wüste locken, da will ich sie umwerben!" Es geht um die Erfüllung der stärksten Sehnsucht im Menschenherzen: geliebt zu sein, geborgen zu sein in unvergänglicher Liebe!

Wenn einer in die Wüste aufbricht, dann kann er nur

das Notwendigste mitnehmen. Dann muß er vieles zurücklassen, loslassen. Wenn einer den Weg der Nachfolge im Sinne des Rätelebens beginnt, dann ist er immer wieder angerufen, vieles zurückzulassen, loszulassen: Ehe, Besitz, Selbstmacht. Aber was hat Gott dann mit ihm vor? Will er ihn quälen? Will er sein Leben schmal machen? Nein, es ist etwas ganz anderes. Und nun ist die entscheidende Aussage zu machen. Das Wort Wüste besagt als biblisch-geistliches Wort zutiefst: Ort der unabgelenkten Begegnung mit Gott! Und: Ort, der das radikale Vertrauen auf Gott herausfordert. Das hat Israel in der Wüste erlernen sollen, um zu reifen zum Volk Gottes. Lernschule für das Leben mit Gott, mit Gott allein.

Charles de Foucauld schreibt: „In die Wüste muß man gehen und darin verweilen, um die Gnade Gottes zu empfangen. Dort wird man leer, weist alles aus sich heraus, was nicht Gott ist, und leert das kleine Haus der Seele völlig, um allen Platz Gott allein zu überlassen ... Jeder, der Frucht bringen will, muß notwendig durch diese Zeit gehen. Er braucht dieses Schweigen, diese Sammlung, dieses Vergessen alles Geschaffenen; und in diesem Zustand richtet Gott sein Reich in ihm auf und gestaltet in ihm den innerlichen Geist. Man gibt nur, was man hat. Nur in der Einsamkeit, in einem Leben, wo man mit Gott allein ist, in der tiefen Sammlung der Seele, die alles Geschaffene vergißt, um allein in der Vereinigung mit Gott zu leben, schenkt Gott sich ganz dem, der sich ganz an ihn hält."

„In der Wüste zählt Gott allein" (Greshake): das hat Israel erlebt, als es in der Wüste buchstäblich aus der Hand Gottes lebte (Manna, Wachteln, Wasser aus dem Felsen).

In der Wüste wird das Leben als Geschenk erfahren – verdankte Existenz. In der Wüste, dem Ort der Leere und der Verlassenheit, schenkt Gott dem Volke seine Freundschaft. In der Wüste wird jene Grundhaltung der Jüngerschaft eingeübt: das Kindsein, d. h. ganz allein angewiesen sein auf Gott wie ein Kind auf die Eltern.

Antoine de Saint-Exupéry schreibt: „Ich habe die Wüste immer geliebt. Man setzt sich auf eine Sanddüne. *Man sieht nichts. Man hört nichts. Und währenddessen strahlt etwas in der Stille.*"

Man bleibt nicht in der Wüste. Die Wüste ist nicht der Ort, wo man sich für immer ansiedelt. Es ist der Ort der Wanderung auf ein Ziel hin. Wenn man sich für den Weg der evangelischen Räte entschieden hat: es ist ein *Weg!* Es geht auf ein Ziel zu.

Die Wüste ist der Ort der Hoffnung! Man hat beständig das Ziel vor Augen, das „verheißene Land".

Oasen sind da. Orte des Ausruhens. Wo der Durst für einen Tag gestillt werden kann. Wo Menschen sind, die die Einsamkeit für einige Tage aufheben. Vorzeichen des „verheißenen Landes", die doch die Sehnsucht noch stärker wecken auf das Ziel hin.

In der Wüste lebt man von der Hoffnung auf das Kommende, träumt man von dem Land und seiner Seligkeit, auf das man zuwandert. Jede Zeit braucht Menschen, Wüstenwanderer, die die Wege der Hoffnung durch die Wüsten der Zeit gehen. Lebendige Zeichen der Hoffnung für alle. Das Abenteuer der Hoffnungswege durch die Wüste.

Wird es sich lohnen? Wer dieses Abenteuer wagt, darf auf ein wunderbares Gotteswort vertrauen, das bei Hosea (9, 10) zu finden ist: „Wie man Trauben findet in der

Wüste, so fand ich Israel; wie die erste Frucht am jungen Feigenbaum, so sah ich eure Väter."

Das sagt Gott zu uns in der Wüste. Wir sind für ihn so, wie wenn ein Mann in seinem Durst und Hunger in der Wüste, in einer Oase Trauben findet: so sieht er uns an! So kostbar, so erfreulich sind wir für ihn. So wie ein Mann die ersten Feigen an einem jungen Feigenbaum ansieht: so sind wir für ihn, so liebenswürdig. *So* ist Gottes Herz uns zugewandt in der Wüste, auf der Wanderung durch die Wüste.

Er vergißt es uns nicht, daß wir den Hoffnungsweg mit ihm wagen. Beim Propheten Jeremia sagt Gott (2, 2):

> Ich gedenke dir
> die Huld deiner Jugend,
> die Liebe deiner Brautschaft,
> da du mir nach durch die Wüste gingst,
> durch ein Land, das nie besät wird.

Noch einmal: Wird es sich lohnen, das *Abenteuer der Wüste?* Gott sagt beim Propheten Jesaja (35, 1–8a):

> Die Wüste und das trockene Land sollen sich freuen,
> die Steppe soll jubeln und blühen.
> Sie soll prächtig blühen wie eine Lilie,
> jubeln soll sie, jubeln und jauchzen.
> Die Herrlichkeit des Libanon wird ihr geschenkt,
> die Pracht des Karmel und der Ebene Scharon.
> Man wird die Herrlichkeit des Herrn sehen,
> die Pracht unseres Gottes.
> Macht die erschlafften Hände wieder stark
> und die wankenden Knie wieder fest!
> Sagt den Verzagten:
> Habt Mut, fürchtet euch nicht!
> Seht, hier ist euer Gott! ...
> Er selbst wird kommen und euch erretten.
> Dann werden die Augen der Blinden geöffnet,

auch die Ohren der Tauben sind wieder offen.
Dann springt der Lahme wie ein Hirsch,
die Zunge des Stummen jauchzt auf.
In der Wüste brechen Quellen hervor,
und Bäche fließen in der Steppe.
Der glühende Sand wird zum Teich
und das durstige Land zu sprudelnden Quellen.
An dem Ort, wo jetzt die Schakale sich lagern,
gibt es dann Gras, Schilfrohr und Binsen.
Eine Straße wird es dort geben;
man nennt sie den Heiligen Weg.

Herr Jesus Christus, du, den ich liebe, du, den ich lieben möchte, du, der du mir deine Freundschaft schenkst: die Wüste meines Lebens: Einsamkeiten, Sehnsüchte, Traurigkeiten, Kämpfe, Versuchungen: Laß sie zum Ort der Begegnung werden mit dir!

DIE FRAGE

Was ist auf meinem Weg der Nachfolge „Wüste"?

Franz Kamphaus

Was dir zum Frieden dient

„Kamphaus zeigt sehr deutlich, daß die christliche Botschaft vom Frieden quer und unbequem zu allem verläuft, was politisch und gesellschaftlich logisch erscheint" (Rheinischer Merkur/Christ und Welt).

„Ein sehr religiöses und zugleich eminent politisches Buch. Sehr empfehlenswert" (Das neue Buch).

„Auf dem Weg biblischer Meditation gelingt es Bischof Kamphaus, gesellschaftliche Einsichten aufscheinen zu lassen, die – in den politischen Alltag übersetzt – viel Zündstoff enthalten" (Frankfurter Hefte).

3. Auflage. 128 Seiten, Paperback. ISBN 3-451-19972-6

Franz Kamphaus

Der Stein kam ins Rollen

Worte, die zum Glauben reizen

„Das Buch von Franz Kamphaus kommt aus vielen Gesprächen und versteht sich als prägnante Gesprächsanregung auf dem gemeinsamen Weg des Glaubens. Er spricht eine unverwechselbare Sprache, mitten hinein in unsere Verhältnisse und in unser Herz. In allen Texten wird die Ausstrahlungskraft des Evangeliums spürbar: Der Funke springt über, der Stein kommt ins Rollen" (Kirche und Leben, Münster).

„Wer glaubwürdig und zeitnah zu predigen wünscht und versucht, dem sei dieses Buch besonders empfohlen" (Anzeiger für die Seelsorge).

192 Seiten, Paperback. ISBN 3-451-20834-2

Verlag Herder Freiburg · Basel · Wien